刘丙钧
陈唯斌
黄殿琴 编

+

麻风病专家李桓英访谈记

大爱初心

北京联合出版公司
Beijing United Publishing Co.,Ltd

2016年12月27日 李桓英入党宣誓仪式

编委会名单（按姓氏笔画排序）

主　任：陈　宁

副主任：李雪梅　汪帮宏　张云裳　黄殿琴

　　　　靳　真　魏沁沁

成　员：白继龙　刘丙钧　朱李可　陈　涛

　　　　陈唯斌　林　冰　林　毅　宿昊

策　划：张云裳　黄殿琴

序　言

20 世纪 50 年代，新中国刚成立不久，国家百废待兴，百业待举，急需海外学子的归来和支持。钱学森、邓稼先等科学家纷纷回国，开启了我国科研事业的新局面。在医学领域，同样有一颗赤胆忠心，放弃舒适的工作和富裕的生活，毅然回国效力，那便是"抗麻战士"李桓英。

1950 年世界卫生组织成立，李桓英被美国约翰·霍普金斯大学推荐成为世卫组织首批官员。1957 年，为世界卫生组织工作 7 年期满时，世卫组织主动提出与李桓英续签合同。当时，李桓英的家人已移居美国，家人都希望她留下，但她做出了另外的选择。

曾走访多国的李桓英，在世界卫生组织工作期间看到不少亚非国家因贫穷而导致的疾病蔓延，此时尤为心系祖国的情况。她婉言谢绝了世界卫生组织的邀请，瞒着家人，只身一人、几经周折，终于在 1958 年回到祖国。这一年她 37 岁，在之后数十年的漫长岁月中，她把自己的所有献给国家和人民，为祖国的麻防事业倾注了毕生心血。

麻风病曾是一种"不治之症"，在世界上流传甚广，许多患者脸部毁容、手脚畸形，承受着痛苦的折磨。在中国，云、贵、川地区的麻风病一度十分猖獗，但由于当时医疗水平落后，群众对此缺乏科学的认识，形成了许多麻风病人集中生活的"麻风寨"。

"我们得带着问题去学习。麻风哪里多，我就去哪里。"李桓英深入基层，在 30 多年间几乎走遍云、贵、川地区 7 个地州 59 个县的每一个村寨，治愈了 1 万多名病患。她的努力也推动了全国麻防事业的进步，使全国麻风患者数量由 11 万降至不足万人，复发率小于 0.03%，远远低于国际标准 1%。

大爱，源自医者的仁心。

在谈"麻"色变的年代里，李桓英走到患者身边，与他们握手、聊天、一起吃饭，成了麻风寨的常客。她认为，医者只有怀揣着关爱，理解病患的心情，才能消除社会对麻风病人的歧视，推进麻防事业的进步。她不怕吗？她真的不怕。"战士都知道子弹厉害，上了战场不照样往前冲？麻风杆菌可没有子弹厉害。我甚至巴不得自己被传染上，让你们亲眼看看我现在就能治好它！"

大爱，源自坚韧无畏的恒心。

1989年冬天，李桓英只身赴西昌参加联合化疗工作资料年终会审。在从西昌回成都的途中，因雪天路滑，汽车突然掉进深山沟里。李桓英的锁骨和3根肋骨骨折，头部外伤缝了7针。但她不顾疼痛，缠着厚厚的绷带、打着石膏继续投入新的工作。当她风尘仆仆，以一副满不在乎的样子出现在首都机场时，满心牵挂的仍是从麻风病区采集的200多份血液标本。几十年来，她从未计较个人的安危与利益，"要想搞事业，就别怕付出。若要计较，就什么也干不成"。

大爱，源自勤恳的平常心。

如今，已经96岁的李桓英仍然是个"上班族"，每天上午背着挎包从家出发，前往她那间不足8平方米的办公室，开始一天忙碌的工作。办公桌前的她依旧精神矍铄，思维敏捷。在人来车往的马路上您与她打个照面，她只是一位面目慈祥的寻常老人。谁会想到，这是一位将一生奉献给祖国和人民的巾帼英雄呢？！所谓奉献精神，更多的其实是一种默默耕耘的平常心吧。但这种平常心其实最为难得、最为可贵，它是为人民服务的最好诠释，就像李桓英说的那样："我不要华丽的辞藻，用一颗真诚善良的心去对待身边的人和事，只要问心无愧就好。"

大爱，源自责任感和使命感。

李桓英终生未婚，在她看来，能治好患者的病是她一生最大的幸福。收到生日祝福的时候，她没有那么高兴，因为这意味着余下的日子将一天短过一天，她还有任务要完成，还有使命要背负。"人生一定要有使命感，我还有5%的路要走，我还有时间，我还可以奋斗。闭眼的那一天，我不会有遗憾。"

2016年12月27日，李桓英加入中国共产党，"入党和做研究一样，都是追求真理，为人民服务"。李桓英用她的实际行动，践行着医疗工作者的大爱，践行着共产党员不变的初心。

中共西城区委常委、宣传部长

目 录

11

第一篇

穿越人世沧桑
镌刻历代风尘

刘丙钧

我们在不断重复的时光里将生命度过，东方绵长，银花胜春景，疑是仙人来，李桓英就是那个仙人。不是所有的坚持都有结果，但是，总有一些坚持能从一寸冰封的土地里，培育出十万朵怒放的蔷薇。有天赋的也有经验的，但更应有刻意学习的程度，李桓英就是这个程度。心开两瓣莲，理想坐中间，头顶荷花开，花开曙光来；我尤为想在这本书的笔墨之间，表明我的态度与立场：生活与工作就是自己的用心所在；生活与工作就是一个细节接着一个细节。低下头是人间，转过身是天堂，一个人的志向就是她对志趣的深情，这深情如信仰般迷人。李桓英热爱着生活与工作中的每一处细节，煮字疗饥，银碗盛雪。人生难得风雅颂，古风今韵赋比兴；天道酬勤，雕刻传神之笔，松风披竹神交天地间。

—— 题记

生逢乱世

冬季最能让人肃然起敬的不是它在寂寥中的坚忍，而是寒冷中能将隐忍化成浑厚的强韧，虽处于冷清却有蓬勃的构图。一来，舍得去艳美，为春天的益然暗含灵秀；再者，在酷冷中独领风骚，只为藏守后蓄势待发。行走在冬季的寒冷中却懂得蓄积来年的能量，离阳光明媚已不远，将近花开锦绣已不远。我们每个人都在走自己的人生路，谁也不知道前方等着的会是什么，也许某个拐弯处，机遇就来到身边。她就是这样，相信只要一步步地做好自己该做的事情就可以了。该怎么称呼她呢？老师？大夫？抑或她的什么职衔？还是敬称她李桓英先生吧，我想，她是承担得起"先生"二字的分量的。听她侃侃而谈或者娓娓而叙，你很难想象思路清晰、精神矍铄的她已是位几近百寿的老人。走在路上，尽管不能像年轻人那样快步跃行，但她几次婉拒别人的搀扶，稳步缓行。或许，她就是这样，一步步走出了她九十多年没有传奇的传奇人生吧。

茶染雪梨甜，暖饮杯中韵；公元一九二一年八月十七日，李桓英诞生于北京。祖父李庆芳为其取名"桓英"。《说文解字》中解释说："桓，亭邮表也。"也就是华表。华表是古代设在桥梁、宫殿、城垣或陵墓等前兼作装饰用的巨大柱子。相传为古代圣贤尧帝所立。初为木制，现一般为石造。柱身往往雕有纹饰。"英"即杰出的人才，也有美好的意思。"桓英"的字义为"华表之英"，意指望其自立自强像华表一样昂然矗立，成为佼佼者。寓意殷殷之深，蕴含着祖父对李桓英的切切厚望。每个人心中都有一个神秘花园，里面承载着喜怒哀乐；有心人的心中有一片世外桃源，有着许多尚未开放的花朵。

李桓英出身于书香门第，官宦之家，家族在京城颇具声望，《中华名人录》上列有其祖父李庆芳的大名。父母对她疼爱有加，呵护备至，视若掌上明珠。母亲对其更是视如心肝宝贝，经常带着她坐黄包车去王府井游玩、购物。在李桓英记忆中，母亲曾带她到王府井买过鞋，照过相，印象十分之深。她说"那时候（二十世纪二十年代）就有王府井东安市场了"。

李桓英出生于一个动荡的年代，在中国延续了几千年的封建帝制刚被推翻，民国初建，军阀当政，百业萧条，百废待兴，新思想、新观念、新文化在中国大地涌动。在那样一个年代，社会的时代氛围和家庭的文化传承对李桓英的成长影响至深。

李桓英祖籍山西襄垣。襄垣位于山西省东南部，太行山西麓，上党盆地之北，东以仙堂山、黄岩山与黎城分界；西以石磴山和沁县相连；南以五阳山、麓占山、磨盘山、五赞山分别与潞城、长治、屯留接壤；北和武乡为邻。因战国时代晋国大夫赵襄子在此筑城而得名，至今有三千年的历史。襄垣人杰地灵，风光秀美，明代刘龙在《韩山独秀诗》中这样写道："高山城北耸奇观，五月游人怯晓寒。古木阴森迷岁月，浮云重叠拥峰峦。半空仙梵藏幽寺，百尺神泉泻碧湍。焉得思如摩诘手，细将形胜写毫端。"襄垣人文厚重，人才辈出。襄垣下良子房沟人张良，为西汉杰出的政治家，是汉高祖刘邦的重要谋士。他为西汉开国立下了殊功，被封为留侯，功成之后急流勇退，辞官离朝，隐居深山；东晋上党襄垣人法显，是我国历史上著名高僧，杰出的旅行家、翻译家。他自幼出家，63岁时赴"天竺"（今印度等地）研究佛学。历时15载，游历30余国，归国后将带回的大量梵本佛经译成中文，并撰写了我国第一部国外旅行记《佛国记》，为中国佛教文化的发展做出重要贡献。深厚的文化积淀，厚德载物的襟怀，重德尚义的观念，构成中华民族自强不息的精神底蕴，推动和促进了中华文明的发展、繁荣和昌盛。"我的祖辈父辈就是在那样的熏陶中长大的。自然，我的故乡对我来说也是难以忘怀的。"李桓英眷眷有情地回忆说。

祖父李庆芳，字枫圃，生于 1877 年，逝世于 1940 年，山西襄垣县夏店镇马喊村人。阎锡山时期曾任山西军政府高级参议官。爱国人士。幼年聪颖，勤奋读书，19 岁由县保送到太原令德堂，1902 年转入中斋就学。1905 年被清政府选派赴日本留学，初入经纬学校，旋入日本东京庆应大学法学系，获学士学位。1909 年回国，应留学生考试，中榜举人，授七品京官。后在原籍创办女子学校、法政研究会、晋阳报馆、晋阳书局。李庆芳一生做了很多善事义举，办了大小二十一所学校，其中两所是孤儿学校，最有名的是 1919 年捐办的怀幼女子学校。李庆芳担任过北京中山公园董事长职务，还在北京开过李庆芳大律师事务所，专门经办涉法事件。作为家中的长孙女，李桓英得到祖父的格外疼爱。祖父曾带她到西直门外的万牲园看大象，去故宫北门的景山公园游玩。李桓英还清楚地记得祖父常常围着一个很长的绿色围脖，两端垂在前面，祖孙俩还合照过一张照片，可惜年代过久已经遗失，现在只存在于记忆中了。

北京灯草胡同是一个典型的四合院，这里曾是李桓英童年生活之所在。门前两个石狮子，红漆的木门两侧写着"忠厚传家久，读书继世长"的楹联。进大门后是一个很好看的太湖石影背，影背后是一个院子，两边有西院、东院，共三个院，整体是一个四方的四合院，十分漂亮。这里有假山，有丁香树，有花园。据李桓英的堂弟李际东介绍，院内假山很美，他清楚地记得，小时候曾在院内的假山上看到过周总理去使馆参加舞会，因为墙外就是印度尼西亚驻京使馆。"我的祖父曾经跟着阎锡山到日本学习，就读于东京的政法大学，他是学法律的。"李际东回忆，"在东京，祖父与孙中山过从甚密，家里本还留有祖父与孙中山的合影，可惜在'文化大革命'中被付之一炬。按道理，祖父是清政府公派的留学生，似乎不应该与革命党有什么瓜葛。但是他骨子里希望中国强盛，也在寻找国家的出路。祖父是学法律的，法制观念已经潜入心底，与孙中山他们也容易说到一起。"

李家位于西直门马相胡同的家业是一处典型的京式建筑，具有浓厚的中国文化韵味，也兼具西洋风格。李庆芳早年留洋，见过世面，了解国外的建筑特点，他一方面坚持民族传统，但也有一部分房屋借鉴了西方样式，如玻璃屋顶或尖屋顶，这样一来，即使在下雨时客人也可以在那里聚会。整个建筑亦中亦西，美观大方，气派实用，体现了李桓英祖父与时俱进的审美观和生活观。

在这偌大的院落里，最初只住着祖父、继祖母、母亲杨淑温、叔叔李法公和李桓英。光是打扫秋天的落叶，也够人忙活的。李桓英依稀记得"秋天大家一起扫树叶，捡红叶"的场景。后来，李庆芳哥哥的孩子到北京读书，也都住在这里。再后来在这里居住的还有李庆芳收养的两个女孩子，是被人贩子贩卖的孤女，一个叫刘雁萍，一个叫邹引子。李庆芳要求妻子对她们"视如己出，才是贤德"，教育儿女以她们为"姐妹"，一视同仁。由于从小与祖父生活在一起，祖父是一家之长，因而李桓英从幼年就深受影响，在祖父崇高品行的影响下养成了良好的生活习惯，传承了以慈悲为怀、宽厚待人的家风。李桓英说："听母亲说，我没有戴过耳环，母亲想给我穿耳孔，给我祖父知道了，就禁止了，所以我到九十岁也没有戴过耳环。没有耳朵洞，祖父不叫扎，也不让裹小脚。"

1937年"七七事变"后，日军进攻山西，时任山西省高级参议员的李庆芳不甘与敌同流合污，离开省城回到县里。日军分九路围攻上党，李庆芳避难山村，现实使他认清了日本侵略者的真面目。他痛心疾首，大骂日本天皇是军国主义的头子，战争罪犯；大骂阎锡山祸国殃民，怨恨自己未策动官兵抗日而解甲归田。一怒之下，把自己写的《世界大势一席话》付之一炬，大哭道："迷惑数十年，倭贼蒙吾目。阎贼非友窃国盗，八路军才是擎天柱！"他忧国忧民，奋笔疾书，写下赞颂抗日英雄的诗篇："英雄颈血溅绥北，飞向红花处处香。三百问题空有答，愧无一死到沙场。"五百余日军在 1940 年 2 月包围了襄垣阳泽河村，企图歼灭驻扎在那里的八路军，几十名八路军战士与群众被抓，当时避祸山村的李庆芳也被日军搜出。当日军准备将被俘人员统统杀害时，李庆芳挺身而出，用日语痛斥日军的残暴无度。得知他是社会贤达，同时也与侵华日军板垣师团司令官板垣征四郎颇有渊源，日军不敢怠慢，把他请到夏店镇日军总部盛宴招待，意欲诱降，李庆芳巧与周旋，提出释放被俘战士和群众的要求，日军惧其威严，同时意欲收买李庆芳，当即答应下来，被俘战士与群众因此获救。后来，日军板垣征四郎想借李庆芳的名望收买人心，聘请他当维持会长，他立刻严词拒绝："我是中国人，若任斯职，子孙将遭国人唾骂，如何使得！"表示了誓死不当亡国奴的赤诚之心！他还曾向其族弟李庆馨言，深悔未渡河赴陕，以致落入日寇手中，遭其羞辱。日寇遂将其软禁，胁迫他合作，李庆芳抵死不从。

这位年已花甲的民族志士于同年在悲愤中逝世。据家人说是因肺病未获及时治疗，中共边区《新华日报》有过记载："被俘不及四十余日逝世，知者莫不同声哀悼，称其劲节。"中国共产党中央机关报《新华日报》1940年4月以"晋名宿李庆芳 被掠至死不屈"的标题刊载了李庆芳被日军掳获四十日拒不屈从的事迹，高度赞扬了他的高风亮节。在谈到祖父对国家和民族的贡献时，李桓英充满自豪。

父亲李法端，字木园，电气工程师，生于1900年，逝世于1970年，18岁毕业于北京汇文中学，于1921年公费赴德国留学，主修柏林工业大学机械工程学院电气专业。不到20岁就到德国留学，一待就是七八年。回国后李法端一直在"民国"政府部门任职，最高做过次长的职务，相当于现在的司局级干部。但他始终没有加入国民党，虽然在"民国"政府做官，但他只是一个业务干部，虽做到次长，却是一个清官，除了工资薪金，并无其他收入，从没有大富大贵过。李桓英说父亲"是一个不大会数钱的人，不是贪官"。

兰馥草青天地幸，母慈子孝日月陈。双亲时伴祥云至，家院常归福气轮。母亲杨淑温中等文化，山西襄垣县人，生于 1900 年，逝世于 1969 年，曾在小学教书。李桓英的父亲常常调侃她，"你叫杨淑温，有书也不温"。李桓英认为她的很多个性都是儿时形成的。杨淑温受过初等教育，虽然十几岁就结婚，但有初中的文化水平。她是一个好母亲，从小培养女儿自立，很有见地，在李桓英很小的时候就送她上学读书了。杨淑温对李桓英抱有很大期望，想让长女帮忙养家，中国自古就有长女似母的观念，但李桓英心中有自己的目标。李桓英是在中国新文化萌芽时期成长起来的，家庭也很开明。雁舞长空原野静，风吹枫叶雅诗芳；1950 年，李桓英全家移居到美国。芍药嫦娥下，夜夜露芳浓。李桓英说："上大学之前，从念书一直到考入同济大学的这十二年里，我换了九所学校，包括国外的学校。在动乱时代念书，换了这么多学校，又在国内跑了不少地方。……到处跑。我觉得这段时间对我的生活和事业有一定的影响。这种求学方式对我个人有一定的益处。"是的，读万卷书、行万里路的生活经历，塑造了李桓英特立独行的性格。

漂泊的童年

盈风展婀姿，年年一香同。李桓英出生后 10 个月，父亲从北京汇文中学毕业，转赴德国柏林工业大学。此后，李桓英在祖父身边由母亲一手带大。1926 年，6 岁的李桓英随母亲就读于怀幼女子学校一年级，这所学校是李庆芳出资捐办的。提起怀幼学校，李桓英就感到无比自豪："民国初期那会儿讲究办学。我祖父办了好几所义务学校，在北京就办了三所义务学校，最出名的就是现在东四宽街那一带的宽街小学。宽街小学原来叫怀幼女子学校。"怀幼女子学校的前身是清光绪年间为蒙古亲王僧格林沁建的显忠祠，是个座北朝南的二进四合院式建筑，1920 年向各方募捐，创设怀幼学校，分东城、西城两校。后更名为进步小学，二十世纪五十年代中期才定名为宽街小学。怀幼学校乐善好施、扶危救贫的校旨，潜移默化地影响了李桓英的一生。2008 年四川汶川大地震，李桓英个人捐款 5000 元，但并未署名，而是以教研室全体工作人员的名义捐献的。

香馨欲惹谁，鸟自度春夏。1929 年初，李桓英随父母来到德国。在德国念书，不会德文怎么办？父亲把李

1929年李桓英与父母在德国

桓英送到附近的私立小学就读一年半。当时，父亲还要找人给李桓英补习德文，其实根本不需要补习，天资聪慧的李桓英不用人教，没过多久，自己就融入那个语言环境中去了。儿时就到德国的李桓英并未经过系统学习，德语却说得很流畅。1931年春天，未满11岁的李桓英离开德国，和妹妹李林英随母乘火车返回北京，在北京东交民巷德国小学就读一年。1933年，一家子又迁至杭州，李桓英进入杭州弘道女子中学初中一年级就读。弘道女中是中国教会学校之一，新中国成立前，在教会学校中颇有名气。弘道女中学生积极进取，富有爱国心，正义感强，曾团结一致，冲破校方无理阻挠，积极参加"五四运动"。

李桓英一家在南方期间，祖父李庆芳曾来看望过他们，见李桓英德文好，很高兴，便让她今后学医，李庆芳见多识广，知道德语对学医的重要性。后来李桓英走入同济大学医学院的殿堂，即是遵照祖父的意见。李桓英说："是他给我指的这条路。"在弘道中学，李桓英只读了初一就又转学了，父亲调到国民政府铁道部任职，全家随之搬至南京，在那里住了三年，李桓英便又转入南京中华女子中学。十二年间换了九所学校，主要是父亲的缘故。"父亲留学德国学的是电机专业，当时是很热门的专业，还是政府公派出去的。那时候国家急需这方面的人才，学成后便奉召回国。回来后父亲就直接被分配到杭州电机厂工作，那是铁道部的直属单位。我们也就随着南下了。"父亲的职务不断地变动，工作地点不断变迁，李桓英也就随着父亲、母亲在几个城市间漂泊。先后在北京、德国柏林、上海、杭州、南京、上海、香港等地的九所学校上学。

邂逅医学

香港是李桓英漂泊年代的终点站。在香港，她度过了青少年时代的最后一段时光，不但打下了良好的英文基础，而且拿到了中学文凭。最为关键的是，她在这里萌生了自主意识。在香港大学读的生物学，母亲崇尚妇权、追求民主的态度也对她产生了影响。李桓英逐渐发现，作为女孩子，为了不受封建势力的压迫，该学一门能使自己独立自主的一个职业。听从了母亲的劝告，李桓英报考了上海同济大学医学院。香港也因此成为李桓英人生之旅启航的港口。

医学是同济大学开设最早的专业。德国医生埃里希·宝隆在德中各界支持下，于 1907 年在上海创办了德文医学堂（即同济大学的前身），翌年改名为同济德文医学堂。"同济"一词最早出自《孙子·九地》："吴人与越人相恶也，当其同舟而济，遇风，其相救也如左右手。"校董们为学校取名"同济"，寄寓共济之意，希望用现代医学造福人类。

1939 年的金秋十月，为着同一个目标——悬壶济世而走到一起的同济大学三三级学生，在昆明五华山麓之畔、翠湖之滨的八省会馆相聚。会馆前院住着工学院的同学，后院是医科的宿舍，教室是后院大堂。初进大学的李桓英风华正茂，阔步迈向济世救人的医学殿堂。六年同窗，朝夕相处，情同手足，每每念及，颇为感怀。

医学的基础课是枯燥并艰涩的。开始的时候很难学，但天资聪颖的李桓英很快就学进去了。昆明在抗战初期成为大后方，沦陷区的机关、工厂、学校、民众，大量撤到昆明。抗战中后期，昆明又成为中国和盟军的战略基地。昆明是否能保得住，是否能继续为陪都重庆数百万抗日军队输送国际援华战略物资，是否能成为战略反攻、夺取抗日最后胜利的"桥头堡"，直接关系着中国抗日战争的成败和"二战"的命运。昆明也因此成为日寇的眼中钉，必欲取之而后快。

多年之后，李桓英公出，有机会再次来到昆明，还特地找寻过老学校，没想到她所住的招待所恰巧是翠湖之滨的同济大学旧址。李桓英大喜过望，她在访谈中提到，这次公出可谓是一次意外的故地重游。当年，四季如春的昆明始终笼罩在日寇狂轰滥炸的阴云下。昆明与重庆不同，没有防空洞等保护设施，随着日军的多次轰炸，昆明的空袭警报时常响起。每当听到警报，学生们就拿着书本往外跑，躲警报已是家常便饭。不能上课，不能学习，还有生命危险。显然，昆明不是办学的理想城市。为了人身安全，为了有一个安静的读书环境，学校决定再次搬迁。

找了好几个地方，都难以安置。自抗日战争爆发以后，同济大学为了坚持文化抗战，走上了内迁办学之路。自1937年的9月由上海迁出时起，同济大学的师生们三年里辗转于浙江金华、江西赣州、广西八步和云南昆明，历经漂泊，却难以找到一张安静的书桌。开明的李庄士绅们得知此事，经过商议后，向在昆明的同济大学发出电报："同大迁川，李庄欢迎。一切需要，地方供应。"这短短十六个字的一纸电文，改写了李庄的历史。经过近半年的周折，1941年春天，同济学子全部迁到李庄。此后，中央博物院、中国营造学社、中央研究院人类体质学研究所、中央营造学社、中国大地测量所、金陵大学文科研究所等齐聚李庄，不到四千人口的李庄小镇，竟接纳了一万两千多名外来文化学者。从幼儿园到大学，不出小镇一步，你就可以完成全部学历，这不是神话，而是实实在在的事情。这就是中国李庄。

李庄位于长江南岸，宜宾的长江下游约20公里处，建筑精美，民风古朴，有"万里长江第一镇"之称。镇内有体现明清建筑特点的庙宇、殿堂、古戏楼、古街道、古民居；有很高古文化欣赏价值的慧光寺、玉佛寺、东岳庙等"九宫十八庙"；有被建筑大师梁思成先生称为"梁柱结构之优、颇足傲于当世之作"的旋螺殿，与奎星阁、白鹤窗、九龙石碑共称"古镇四绝"。李庄原本只是位于四川南部、长江边上的一个偏僻小镇。在抗战的烽火岁月里，它以博大的胸怀和珍贵的宁静为中国文化单位的大西迁做出了贡献，为当时中国文化精英的学习和研究提供了良好的场所。一时间，这个小小的古镇竟然声名显赫，与重庆、昆明和成都并称四大抗战文化中心，在国际上也名声大振。李庄的专家们与国外研究机构在进行学术信件往来的时候，从国外寄来的邮件只要写上"中国李庄，×××收"，就能准确无误地投递到收信人手里。在李庄民众的支持下，同济大学的师生全部被安置到镇上的几间寺庙和大量民居里。

"在 70 年前的那场抗日战争中，李庄承载了一段令人感动和难忘的历史，也承载了很多像我一样年轻的求学者的梦。由于当时的医疗设备很差，没有什么临床经验，我就觉得真正上手术台会很害怕。这种实地训练还是后来在美国学习和在世界卫生组织工作时慢慢弥补起来的。虽然大学几年的日子过得很苦，但同学之间的关系却很好，直到今天还保持着很好的友谊。"李桓英颇动感情地说。

1940年李桓英家全家福

　　就是在这期间，祖父李庆芳在家乡被日寇虏获，软禁四十余日。1940年3月，这位年已花甲的民族志士在悲愤中逝世于山西襄垣县夏店镇家中。6月，李桓英向校方请假回到重庆家中，参加了国民党和国民政府铁道部为李庆芳举行的追悼会，留下了唯一的全家照，这成为李桓英的珍藏。1941年春，学校迁至李庄，同济学子们远离战火袭扰，找到了一张安静的书桌，开始了长达6年的文化抗战生活。直至1946年，同济大学的学子们才依依不舍地告别第二故乡，迁回上海。

1944年春，李桓英和同济大学医学院同学合影（摄于宜宾）

　　医学生入门时要学习解剖、生理、生化等基础课程。方召老师教解剖，他态度严谨，不苟言笑，要背得烂熟，才能考试过关。他没有助教，只有绘图的张惠生老师帮助整理挂图。很多解剖图是张惠生老师自己画的，同学们都夸他画得好。当时，同济大学医学院唯一的德籍教授是史图博，他住在李庄夏麦坝的教授新村，每天徒步来上课，不管刮风下雨，总是步行，有一回因路滑摔成骨折，学校要接他上下班，史图博不干，坚持手拄拐杖，一瘸一拐地走进教室。史图博喜欢中国，喜欢李庄。他着长袍，踏布履，业余时间习练汉字，一有空就钻到老乡家里闲话，遇见老乡远远地就打招呼，原本蹩脚的汉语也在与乡民的神侃中慢慢熟络起来，乡民有事没事就把他拉到家里唠家常，自然是遇见什么吃什么。史图博的60岁生日是在1945年6月，校长徐诵明亲往祝贺，送他一幅高山仰止的国画。史图博高兴得像个孩子。前期考试，最难过的是史图博这一关，口试交谈，随意提问，天南地北，不知从何答起。同学们都很挠头，偏偏就李桓英一个人不怵。因从小跟随父亲到德国读过小学，德文底子好，与她同住一室的同学常常请教于她。

生理课是李桓英最喜爱的课程，授课老师是梁之彦教授，大家亲切地称他"梁博士"。这位同济大学留德回国的第一位中国教授是同学们最尊敬的老师。

当时的李庄没有电灯，学生们都是在煤油灯下念书，条件比较艰苦。为了通过前期考试，学生们通常挑灯夜战，油灯点点，有如星辰闪闪。

李庄时期，同济汇集了很多著名学者，他们或布衣长衫，或西装革履，为学校的不断壮大贡献智慧。据不完全统计，当时的外籍教授就有史图博、韦特、魏特、鲍克兰、史梯瓦特、陈一荻等。中方资深教授则更多，著名生物学家童第周也在同济工作。

"1945 年，我从同济大学毕业后到美国霍普金斯大学学习细菌与公卫专业。此后的几年，每当回忆起在同济求学的这段经历，我都会非常怀念，同济给我的不仅仅是一纸文凭，还有'独立思考、不依靠别人'的信念。"李桓英说。

同济医学院驻学宜宾，实行战前学制，时间为六年，不分系。公共课程与专业教学为适应战时环境和需要，做出适当调整。但有一条不变的规定，即以德语为第一外语，要求学生具有扎实的德语水平，能直接阅读原著和解答考题，尤重视独立施诊能力。学生六年学业包括一年实习期，经毕业答辩合格才准予毕业。

没有教学大纲，一门课程有时只讲一两个章节，这种教学方法培养了李桓英这一批同济学子的自学能力。德国教学制度实施的是实习点名，上课听便的规矩，李桓英至今说起来都很怀念。临床课的老师各显神通，内科李化民教授用准确无误的德语，滔滔不绝地讲授心脏病相关知识，学院曾将他的讲稿印发给同学，尽管讲义上的字模糊不清，但也被大家视为至宝；蒋起昆老师讲课内容紧凑，简明易懂；外科章元瑾教授文句生动，反复讲解，通俗易懂，外加示范；妇产科胡志远老师讲课不离骨盆模型，将胎儿的分娩机制描述得有声有色；药理学的林兆瑛教授讲课声音洪亮，语调高昂，实验示教催吐，一针当场见效；精神病学蒋以模教授的模样只是依稀记得，但他讲的神经分裂症和狂躁症却令人难忘；同学们也十分感谢讲授病理学的谷镜涵教授，他从重庆专程来宜宾讲课，还携带许多病理切片供学生实习，他"突击"讲课，条理清楚，为后来的专科学校奠定了基础。后来，这批学生中的武忠弼、江明性两位同学成为全国病理学、药理学教材的主编者，与谷镜涵老师的启发和点拨有直接的关系。同济医学院迁到宜昌后，学子们不仅专心致学，抗战爱国之心也溢于言表，他们积极参与校内外民主运动，以自己所学之长报效国家，服务于民众，坚持文化抗战。李桓英说："李庄承载了我年轻时的梦。这一段时光使我能适应各种艰苦环境，也决定了我的一生要为祖国服务，为改变中国当时的落后面貌，贡献一些微薄力量。"

初出茅庐

李桓英到重庆歌乐山的上海医学院内科报到是 1945 年，准备实习半年。但好景不长，实习仅 4 个月就被"征调令"打断，国民政府要求毕业生都要参加军训，李桓英也不例外，被征调至重庆江北陆军医院。"还记得刚开始学医的时候我很怕见血，在手术中看见血就感觉头晕。在重庆，陆军医院把我分给一个有名的外科大夫，叫什么我记不清了。后来我还问过，得知那个外科专家调到台湾去了。我跟他做了两个大的外科手术，一个是主动脉瘤，在心脏的血管上长个瘤子，是一个开胸手术，那个时候我是实习生，第一次就做了个大手术。第二个手术也不简单，是一个肉瘤手术，长在腿上，需要截肢。从髋关节切下来，把一条大腿给锯下来。我印象最深的就是这两个手术。另外，我记得还有一个医生捉弄我，让我给人家做过包皮手术，手术很简单，是我独立做的。不过那两个大手术我只是帮助递钳子，当助手。这几个手术给我的印象挺深的。后来我想学外科，但母亲不同意，说你女孩子学什么外科。"由此，李桓英的医学生涯开始另一个走向。

重庆的轰炸很严重，1945 年到 1946 年，李桓英又被征调至贵州贵阳图云关陆军医院实习外科、妇产科。李桓英清楚地记得："去图云关坐的是碳燃的公共汽车，经过娄山关到重庆，坐在行李上头。从重庆至贵阳走十八盘，走了四天，回来的时候就没用那么多时间。坐公共汽车，走到山顶上休息，吃老百姓的饭，用红色的辣椒面和灰色的盐巴就着饭吃，没有青菜，也没有肉。山顶泥泞的公路旁站着大大小小的孩子，天气那么冷，连衣服都没有，冻得哆哆嗦嗦的，看公共汽车路过。"多年之后说起来，李桓英的印象还是很深。

求学海外

1946 年，李桓英被母亲召回重庆，要她全力办理赴美留学、继续深造的手续。自此，李桓英开始了一段新的经历。搭乘货轮从上海出发前，母亲还给李桓英找了一个姓屠的女士结伴同航。十八天后抵达美国西海岸旧金山，父亲的国外友人安排李桓英住下，后她又乘火车横跨美国大陆，三天后抵达位于东海岸马里兰州的巴尔的摩。李桓英终于到达了约翰·霍普金斯大学（JHU）公共卫生研究院，并当即被细菌系接收为特别研究生。说起留学，还是要谈到李桓英的母亲，是她坚持要李桓英出国，并在后来把子女一个个送到国外留学，能有如此见地者，在当时还真是难能可贵少而又少的，她的远见和果断不能不让人敬佩。

到了美国，学什么专业是摆在李桓英面前的第一个问题。母亲希望她学内科，学成后好当内科大夫。李桓英虽然早前也主攻过内科，但在国内实习不够，听诊、叩诊都没学好，所以在大学期间就对内科有所抵触，因为内科主要凭经验，不直观，学了书本知识仍然不知道什么病是什么病。毕业时要写关于白血病的论文，李桓英根本不知道白血病为何病，更没接触过。"所以我对临床根本不感兴趣。"李桓英说。不愿意学内科，一方面也因为性子比较急，听不得病人的诉苦和抱怨，"可能也受母亲爱唠叨的影响吧，我对唠叨很厌烦，所以坚决不学内科"。

最后李桓英毅然决然地选择了细菌学专业。二十世纪四五十年代，细菌学还是很前卫的。第一次自主地选择，也是一次正确的选择，为李桓英今后事业的辉煌奠定了扎实的学业基础。李桓英后来同细菌打了一辈子交道，而奋斗征程的第一步就是从霍普金斯迈出的。提起约翰斯·霍普金斯大学公共卫生研究院，几乎无人不晓，这所大学很"牛"，学科门类齐全，细菌学、寄生虫学、昆虫学、流行病学、生化学，各个专科都有，还有卫生管理学。李桓英上过很多课，有些课并不是必修课，没有学分，但她还是尽量去听，目的是博采众长，扩大自己的知识面。1948 年，李桓英还与我国昆虫学专家姚永正博士参与了多次变生虫——疟蚊蚊虫分类实习。就美国的学习制度而言，学分够了就能毕业了。但李桓英并不是为了拿文凭，而是为了充实自己，按她自己的说法："积学分能毕业，积知识能出成绩。"1947 年到 1950 年，学校每月发给 200 美元。李桓英在导师指导下，开展调查研究巴尔的摩市挪威鼠中钩端螺旋体的流行，从鼠肾培养出的钩端螺旋体中提取抗原，用于进行实验诊断的研究，并做了环状沉淀实验。

李桓英师从特纳教授，1948 年到 1950 年期间任助理研究员，同时也参加了 JHU 公共卫生学院其他各科的课程学习。特纳教授是第二次世界大战时做性病预防工作的，当时美国大兵的性病多，据英国《泰晤士报》公布的解密档案显示，在第二次世界大战的最后三年，驻扎在英国的美军官兵上演了一出荒唐的性闹剧。他们在这里花钱买春，勾引良家妇女，一度把伦敦搞得乌烟瘴气。当时驻扎在英国的美军有 150 万之多，得性病者高达 9 万人，一些士兵甚至错误地以为将它传给别人可以使自己痊愈。美英政府甚至把这个本该避讳的问题拿到桌面上认真讨论，担心它影响军队士气和两国间的同盟关系。驻日美军的性病问题也很严重，造成大量的非战斗减员，严重影响了美军的战斗力。特纳教授曾去军队做过志愿工作。二十世纪四十年代末期，青霉素刚研制出来，特纳教授选的课题是：

青霉素治疗性病的研究。这在当时非常有用处，也非常有成绩。李桓英跟着特纳教授，也开始了性病的研究工作。有的时候，教授会对李桓英进行突击考试。有一个考题李桓英记得很清楚：在一个视野底下，看那个螺旋体的密度是多少。什么参照也没有，就是一个视野。怎么量这个视野？李桓英想起中学时学那个圆周率，一下子就反应过来，第二天就告诉教授，自己算出来了。

通过对试验梅毒进行不同种类的青霉素 G、青霉素 F、青霉素 K 和青霉素 X 治疗后，青霉素 G 被证明有迅速杀菌作用。"我在霍普金斯四年，家里没有人了解我的工作情况，父母就让我念书，在学业上并没有具体的辅导。父亲对我非常宠爱，有求必应，百依百顺，但对我没有什么学术引导，只要求我自重。母亲只交代具体事宜，要我今天做这些，明天做那些，与学业没有什么关系。母亲让我进霍普金斯的目的是让我自立，让我有个医生职业，对家庭和弟弟妹妹会有帮助。逃难迁居一旦落了脚，就赶快报名上学，一年也没有闲着。所以我们家虽然是书香门第，文苑世家，我的姑姑、叔叔也都去念古文了，但却有点食古不化，真正新式的学校没有人了解，我完全是凭自己闯。所以到毕业的时候，我仍然很不成熟，连毕业证书都不知道要，不如现在刚毕业的大学生，很懵懂的，就会念书，空余时间去听各种讲课，寄生虫学、流行病学、卫生工程学，都去听，时间排得满满的，就这样读了四年。记得我曾和我国昆虫专家、同济大学教授姚永正有过面对面的接触。姚教授对疟蚊分类颇有造诣，第一次寄生虫课实验，亚非拉学生都有，课上每个学生都要上一份大便检查，我很幸运，什么寄生虫也没有。"

直到 1952 年，李桓英才拿到毕业证书，那时她工作两年多了，在世界卫生组织出了名，争了光。1948 年，《世界卫生组织组织法》得到 26 个联合国会员国批准后生效，在日内瓦召开的第一届世界卫生大会上，世界卫生组织（WHO）宣告成立，总部设在瑞士日内瓦，4 月 7 日也成为全球性的"世界卫生日"。二十世纪五十年代，螺旋体疾病很猖獗，一些非洲国家、印度尼西亚、泰国等热带地区流行尤甚。

供职 WHO

1950 年 6 月初，联合国世界卫生组织在国际儿童基金会的赞助下，计划开展在热带流行的、由螺旋体导致的雅司病防治活动，请霍普金斯公共卫生大学提供专家进行现场工作。由于李桓英的导师特纳教授在这方面知名度很高，世界卫生组织点名要他推荐人才。特纳教授立刻想到让品学兼优的李桓英担当此任，他对李桓英说："WHO需要一名血清检验专家参加印尼雅司防治工作，你愿意去吗？"李桓英很惊讶，虽说她在巴尔的摩学习、工作已经四年了，也取得了一定的成绩，但冷不丁听到这个邀请，还是感到突然。于是含糊地回答说考虑考虑。她嘴上说要想一想，其实心早就飞了。那么遥远的热带岛国，肯定有许多新鲜事物在等待着她，这是多么令人向往的事情啊！所以没过几天，李桓英就同意了。于是特纳教授派李桓英到马路对面的霍普金斯医院性病科的检验室学习。这是一所享誉国际的著名医院，李桓英用两周时间学习了康氏沉淀和瓦氏补体结合试验，学校还为她办理了去日内瓦的手续。从接到通知，到强化补课，再到打点行装出发，仅仅一个月的时间，李桓英就匆匆上任了。出发前特纳教授还特地叮嘱李桓英："WHO任务完成后还可以回校继续学习。"当时的李桓英尚不懂得学历对人生的重要性，以后也没考虑再拿更高的学位。就这样，年仅三十岁的李桓英进入世界卫生组织工作，成为中国女性中最早的和最年轻的联合国工作人员。

1949 年初上海解放前夕，李桓英的父母举家离开上海，绕道香港，于 1950 年初抵达美国，居住在加利福尼亚州洛杉矶圣劳顿路。李桓英的父母既没有追随国民党到台湾去，也没有留在刚刚解放百业待兴的大陆，而是选择了客居美国。李桓英对此既反对，又万般无奈，只能听之任之。刚刚与父母弟妹相聚在美国，就又要匆匆离别了。

云层深邃千古树，菊黄翠谷画山河。李桓英的导师不但将她引领上皮肤病防治之路，而且在学术上给予过诸多的帮助，让她将毕生的精力用于皮肤病防治工作上。李桓英至今仍然每年都向母校捐钱，不论多少，从未间断过。她不止一次感激地说："要不是搞性病也不会搞麻风。"而直到开始从事麻风工作，"才总算找到了自己的目标，也找到了自己从事一生的事业"。

藕池深处复读于幽林曲径，走着走着就剩下了曾经；人生本没有什么意义，人生的意义就在于我们要努力赋予它意义；生命不是你活了多少日子，而是你记住了多少日子，或一月或一季……李桓英的科学生涯，始终坚持工作在实验室，始终位于第一流麻风专家群体中，始终未脱离科研一线，并且始终与基层保持着密切的联系，在我国麻风病的防治科研工作中拥有特殊的地位。

1950年李桓英在日内瓦

　　到印尼之前，李桓英要先去瑞士日内瓦WHO总部报到。在这里，她并不寂寞，有两位同济医学院的同学也在瑞士，一个是学习解剖的同班同学项士孝，另一个是外科高李桓英一届的冯增瑞，二人均在瑞士药业名城巴塞尔工作。巴塞尔是药厂所在地，也是二十世纪八十年代WHO抗麻风病联合化疗药物的供应厂家，此药厂还为麻风的防治出了两本单行手册，在麻风界大范围免费供应。

　　相见时难途路远，新中国成立十年之后，李桓英返回祖国。于七十年代初被下放到扬州地区麻风村，之后又

1972年3月与公社赤脚医生治疗头癣病人

被分配到农村防治头癣。李桓英一向认为，这是改革开放前她在苏北农村最好的锻炼和防治成果。改革开放后，组织选派李桓英以访问学者的身份出访七国，考察麻风病防治，使59岁的她在即将退休之年，从事防治麻风病这千年疑难病症的研究，并取得了成绩。对此，李桓英认为自己十分幸运，生活、成长于伟大的时代，体验了新中国走向复兴的重要历程，数十年来耳闻目睹新中国取得种种成就，也庆幸未虚度时光，由衷地为自己是新中国的一员而感到无比骄傲。

"我的心先于我到达顶峰"，李桓英这样实践着一生，正如她对待幸福的观念：幸福并不是人们想得那么复杂，生命的旅程里珍藏着一段段温暖的回忆，人生有所收获，那就是幸福，它就在每个人的心底。几近百岁的李桓英，对国家的光明前途一如既往地满怀信心，她期望着用自己有限的余生，为祖国无限的事业多做贡献，完成预定的目标。

百花开尽显风流，八月落雨未到秋；犹看浅红念无数，蝶舞莺歌在枝头。当努力和心性吻合时，就会得到想要的。每个人最愿意做的那件事，才是她真正的天赋所在。浮世的静水可以缓缓地深流，让我们在生命的花园里种下一颗希望的种子。

1929年8月（德国）李
桓英9岁生日

1930年秋李桓英与母亲
（左二）在德国

1930年秋李桓英和母亲杨淑温（中）、妹妹李林英于德国

1936年李桓英（后中）及二弟李际康、母杨淑温、妹李林英、父李法端、大弟李际英（从左至右）

1940年全家在重庆合影

37

1952年参加在曼谷召开的国际雅司会议

1954—1955年在仰光巴士德研究所

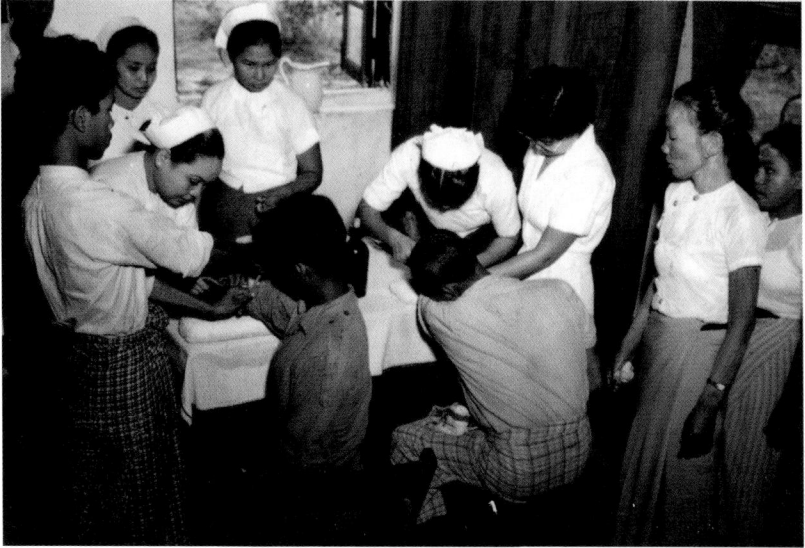

1954年9月4日在缅甸密支那采血做梅毒检查

1954年在缅甸辅导技术人员

1954年在缅甸仰光与
缅甸专家在一起

1954年在缅甸做疾病
调查时与大象合影

1963年夏季，李桓英（左四）在皮研所工作时，与马海德医生（右二）、胡传揆所长（左二）及越南研究生（左三）等在一起

1970—1972年皮研所迁江苏泰州后新生合影

20世纪70年代李桓英在北京

1972年胡传揆来泰州皮研所

1980年8月在美国CDC介绍中国情况

1980年8月在美国麻风中心学习

20世纪80年代不惧艰辛深入麻风疫区

1980年考察广西北海期间给医务人员讲课

1980年考察广西北海期间慰问麻风病人及家属

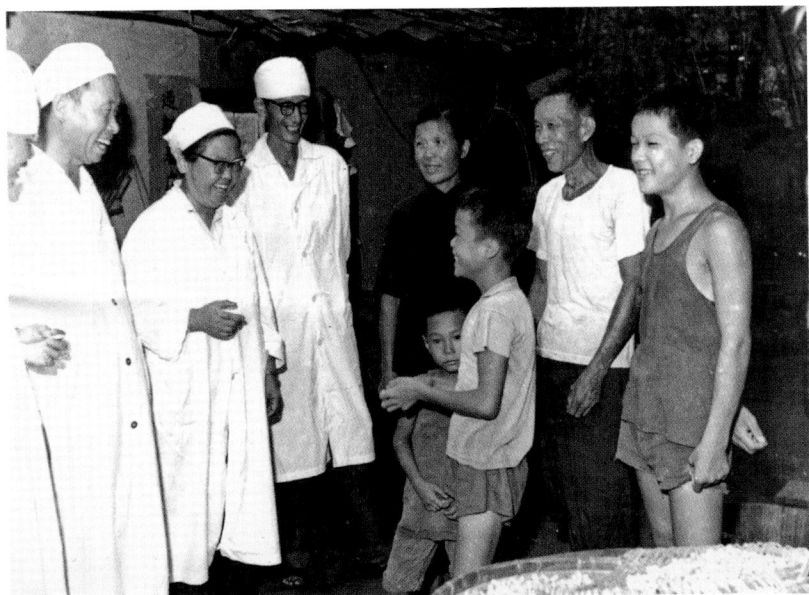

1980年在美国谢泼特家中

1981年访问美国路易安那州卡维尔麻风中心
与犰狳接种麻风菌实验研究专家讨论工作

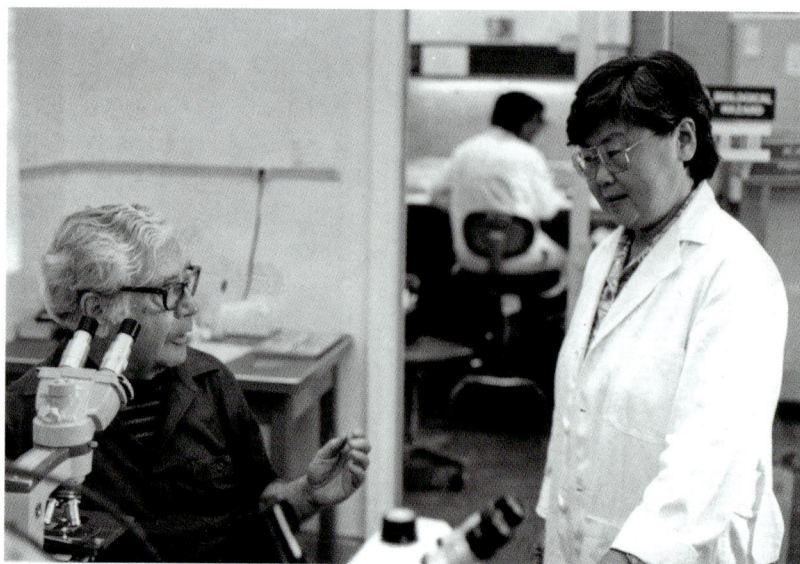

1982年1月25日麻风节与马海德到河北望都麻风院为患者拜年

1982年广州 汤浅洋介绍国际"麻防"情况

1982年与马海德在广西麻风村

1983年1月中国麻风控制考察团与印度麻风中心主任合影

1983年2月13日于勐腊植物园欢度春节

1983年3月19日西双版纳皮防站赵志宇赠给李桓英留念

1983年与卫生部邵毅、葛小平到云南西双版纳麻风村

1983年在吉隆坡举行的麻风统计会议上与国际麻协主席勒夏合影

1984年2月在新德里第十二届国际麻风会议上与马海德顾问、卫生部防疫司司长王健、美国麻风评论主编麦克杜格尔夫妇及在印度工作的传教士的合影

1984年2月在印度新德里第十二届国际麻风会议上做报告

1984年2月—3月在印度麻风病路边诊所时看到的四个月病期的浅色斑触痛觉迟钝病患

1984年4月在西双版纳勐腊县曼南醒麻风村与皮防站和麻风村卫生员及病人的合影

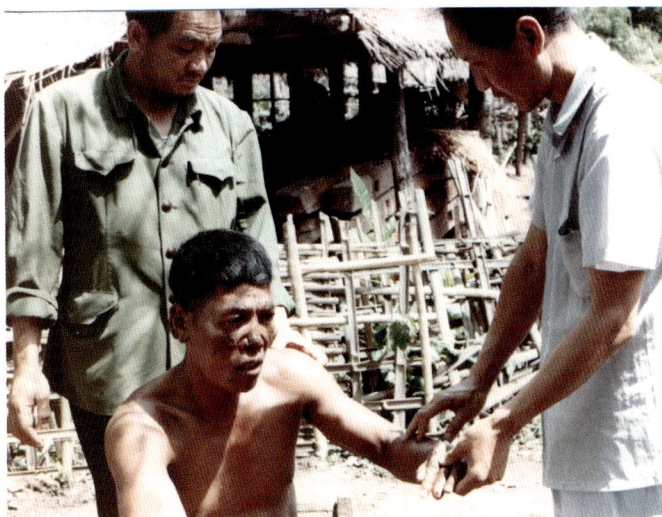

1984年5月11日33岁的病人岩贵嘎

1984年10月在马尼拉亚太地区麻风病联合化疗和控制会议上
李桓英当选为大会主席

1985年7月于勐仑镇汇报MDT成果

1985年8月15中国麻协常委于广东顺德合影

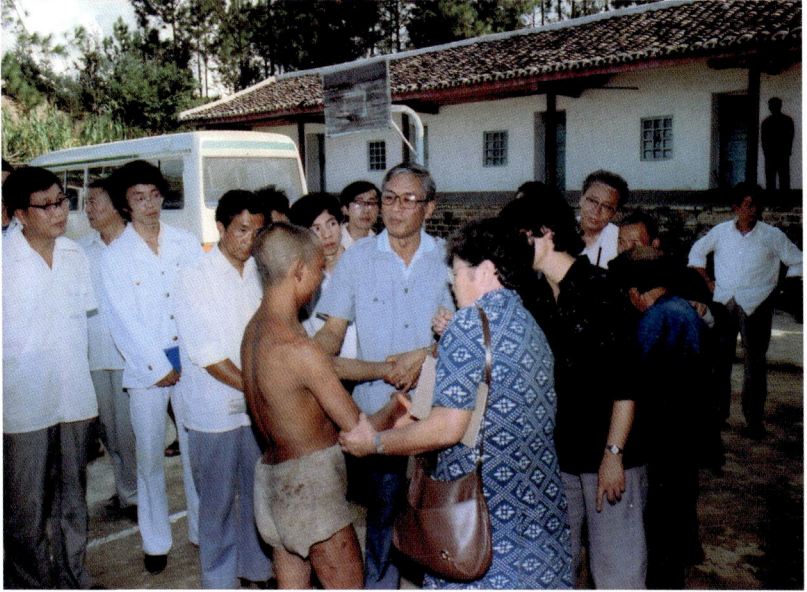

1985年9月陪同世界卫生组织亚太区慢性病顾问加尔维斯先生在会理麻风村

1985年9月陪同加尔维斯先生在西昌考察

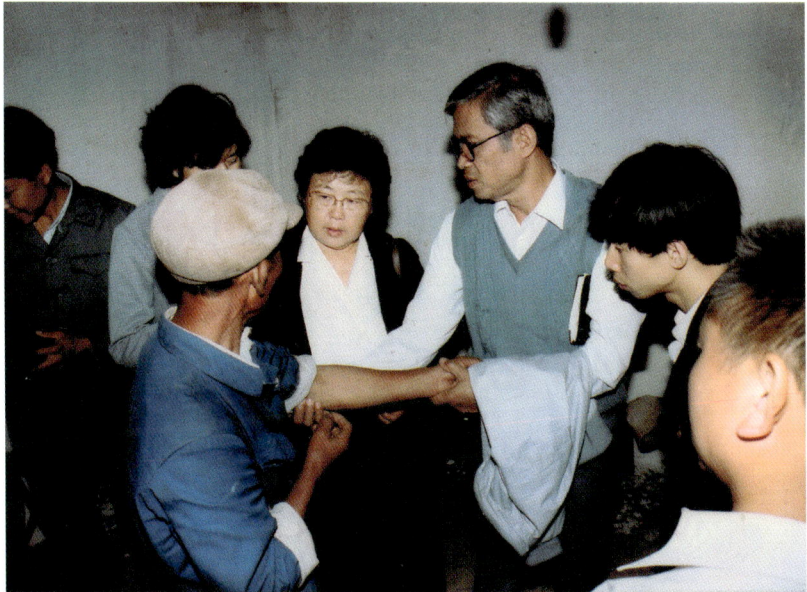

1985年11月5日在贵州黔西县向印度专家翻译黔西县麻风病人统计情况

第二篇

聆听具有『95度』的女人的报告

陈唯斌

我一直期待自己在生活中是一个对于现实十分清醒的人，问题是，我们能够在任何时候任何时间都不去怀疑与质疑吗？我面前这位95岁高龄、依然工作在岗位上的具有"95度"的女人，这样的怀疑与质疑，使我思考着。她是老了，问题是同样的苍老为什么千差万别？她在燃烧自己的"95度"。什么是力量和温度？如果没有力量和温度会怎么样？从理想、远方到温度，她一路前行；对于生命，"95度"或许是个病入膏肓的数字，但于她来说却是青春年少，那就聆听李桓英的报告吧！写一本与我自己有关的感悟之书，这样的一本书当是多么富有意义！

——题记

印尼的"雅司"攻克之路

　　1950年7月1日，李桓英到了瑞士日内瓦，不久之后又前往印度新德里，也是世界卫生组织东南亚地区总部所在地。接待李桓英的是负责螺旋体疾病防治的Dr. Jungalwalla，他是李桓英在JHU公共卫生研究院的同学，李桓英提出缺少实际经验，希望去现场体验生活，于是被推荐去了位于新德里北部、喜马拉雅山区的西姆拉血清学实验室实习一周。这次实习对她后来适应血清检验工作很有帮助。细雨在窗外闪烁着丝丝柔情，雾一样的忧伤是否散落在李桓英幽静的脸庞只有她自己知道。那时，印度的医疗设备和工作条件都很差，看到印度同行因陋就简、因势利导地去适应各种困难环境的职业操守，李桓英也学会了在任何不利的条件下为流行病事业坚持不懈的奋斗精神。

　　科学无国界，但科学家是有国籍的。回忆初到美国入境签证时，因持的是中国护照，签证官要求李桓英印上指纹，对其他国籍者却无此要求，她深受打击。此后，她认识到，出了国界即代表自己的国家、自己的民族，每个人都是外交官，国家盛衰也关系到每名出国者或侨民的声誉与地位。

李桓英的第三站是印尼首都雅加达，接站的人把李桓英接到印尼大饭店的国际儿童基金会办公室。说是大饭店，其实就是一排平房，是荷兰殖民者为适应热带居住，分散建造的平房式单元。她很快就开始了在世界卫生组织的工作，一干就是八年。开工的第二天，国际儿童基金会就把李桓英送到中爪哇的日诺。日诺是印尼的第二大城市，也是印尼的历史名城，这里曾是伊斯兰苏丹王宫的所在地，李桓英刚好在8月17日印尼的独立日报到，体验到了这个国家的节日气氛。

在这个人口密集的城市，雅司十分猖獗。这是一种在热带农村广泛流行的疾病，由致密螺旋体引起，早期皮损组织液可在暗视野中观察到菌体快速地沿中轴旋转、扭曲，与梅毒螺旋体形态完全一致。血清抗体反应（即康瓦氏反应，是梅毒、雅司感染中产生的抗心凝脂的抗体）和青霉素治疗效果也同梅毒一致。不过，虽然都是皮肤病，但是两者的流行情况完全不同。当时印尼的雅司病人很多，疫情面积大，发病率高，病情很严重，伤残度很高。传染源为病人，由外伤处侵入人体而感染，并非由性交传染，青少年多见，流行于中非、南美、东南亚一些热带地区。而梅毒是在全球均流行的城市社会病，通过性接触传染。印尼雅司合作项目的中心就设置在日诺。

1951 年至 1953 年，李桓英在 WHO 印尼雅司防治规划中从事雅司病防治和血清诊断检验工作，取得了有效的成果。20 世纪 40 年代已有雅司方面的研究专著，印尼雅司专家 Prof. Kodijat 先生把这种广为流行的热带传染性皮肤病的分布和皮损状态分为 30 种形态。李桓英在雅司调查中根据印尼专家意见，把这 30 种皮损形态划分为早期的接触传染型和之后的掌趾角化型、溃疡型、骨骼关节型四种形态。又根据体征、年龄、体重和血清学反应，用 PAM 的剂量，确定其传染程度和疗效。在防治雅司病方面，李桓英提出：在流行率达 10% 的地区，应对全民采用青霉素治疗；流行率达 5% 的地区应对患者和密切接触者进行治疗。对青霉素过敏者，可采用四环素，8 岁以下儿童可用红霉素，剂量与治疗梅毒的剂量相同。

1951 年，印度尼西亚的日诺，李桓英从病人皮损处取样，检查雅司螺旋体；1952 年，她将雅司螺旋体给猴子接种试验成功；1952 年 11 月，世界卫生组织在印度新德里召开了血清学会议，李桓英参加会议并做学术报告，

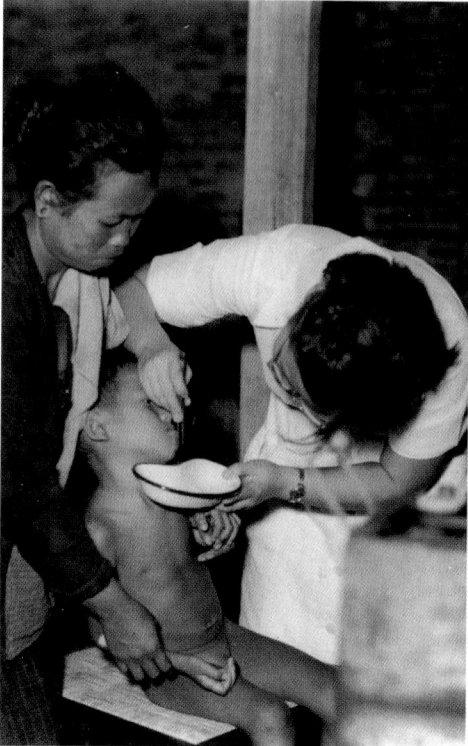

1951年在印尼从病人
皮损处取材给猴子接
种雅司螺旋体

提出了世界卫生组织在各地区建立中心实验室的必要性，
以便各种生物制剂和血清学化验结果的标准化。此外，在
印尼专家的认可下，她还为美国密歇根普强药厂的药物研
究者做了在日诺群众中调查结核菌素和组织胞浆菌素的
敏感性研究。在雅司防治现场，她与印尼专家共同策划了
以不同剂量的长效油剂青霉素 G、在不同范围（乡镇）和

不同人群（患者 / 血清阳性者）、用血清方法结合临床疗效进行比较的实验。李桓英根据临床血清学和不同流行区 / 县的全民、接触者和患者的不同血清学反应进行了总结，建议在不同流行程度的地区，对全民、接触者或血清阳性者进行区别对待，施以不同剂量的长效青霉素治疗，而不是仅在患者中进行 PAM 治疗。后因效果显著，李桓英的措施获得了当地机构和 WHO 的认可和好评。

工作要有目的，人生要有追求，这是李桓英对生活的态度。有追求就会有动力，无论遇到什么样的困难都会去克服。回国后，她一直服从党和国家给予的工作安排，做到干一行、爱一行，因地制宜，就地取材，有的放矢。有些工作并不熟悉，从未做过却并不推诿，有的甚至争取主动。在美国名校约翰·霍普金斯大学公共卫生研究院的学习和在世界卫生组织工作的十余年经历，给她奠定了深厚的除病、治病的流行病学基础。数十年来，每完成一项任务，都有不少收获，既增长了知识又得到了锻炼。业精于勤，勤中生巧，只要按照实事求是的原则去思考，在实践中全心全意、不断改进就能有所创新，达到预期目的。

我们常常会问自己，人生是什么？也许是细水长流的那种无奈的等待，也许是漫漫长路里的一刹那把握。没有失去信仰、没有失去灵性、没有失去判断、没有失去方向、没有缺乏想象能力、没有缺乏自由精神、没有缺乏思考意识的表现……这是多么难能可贵。在学术研究的漫漫长路，李桓英也碰到过不少困难，但她坚持追求真理，各项工作都必须落实，容不得半点虚假。她多年来从事雅司、性病、头癣、麻风等疾病的防治，而这些慢性传染病至今尚无疫苗，仅能靠临床观察和致病菌检测来确诊，因此在现场工作中是十分困难的。长期的实践使她对任何事物都抱有积极的态度，不盲目乐观，既要争取最好的效果，又准备随时应对困难。困难总是有的，做研究工作好比上战场，不可疏忽。同时还要坚持真理，实事求是，把硕果落到人民群众之中，不能自作聪明，抱有侥幸心理。虽因战乱时从医，缺乏实践经验，但她脚踏实地，与地方行政和医疗力量共同奋斗，办好每一件事，攻克难关，坚持不懈，最终受到了基层人民的欢迎和爱戴。

鲁迅说："我们从古以来，就有埋头苦干的人，有拼命硬干的人，有为民请命的人，有舍身求法的人，虽是等于为帝王将相作家谱的所谓'正史'，也往往掩不住他们的光耀，他们是中国的脊梁。"回忆起这段经历，李桓英说："作为从学校去印尼工作的第一批世界卫生组织的专家，那个时候我没有得到学位。之后，我做出成绩了，他们给了我一个学位。"1952 年，李桓英获得公共卫生研究院硕士学位，她说："在印尼工作的这段经历对我回国工作非常有帮助。当时我虽然年轻，但是因为是世界卫生组织的人，很受尊重。生活给了我很多经验，让我视野开阔。经验不宽的话，很难创新。"由于重症雅司病对人的肌肤损害严重，特殊的形象会令人感到不适，所以研究雅司病并不轻松，常人连看都不敢多看一眼，而李桓英却要经常和他们面对面，这对年轻的女研究员来说是严峻的考验。但她战胜了恐惧，赢得了尊重。在合约期满要离开的时候，印尼的卫生部部长也出面挽留。

几十年过去了，谈起往事仍记忆犹新。一位德国专家来到印尼与雅司防治人员一起工作。因为雅司病人很多，都需要打青霉素，这个德国专家为患者进行肌肉注射，一个接一个从不更换针头，也不消毒。有同事提醒他，他也不听。李桓英学习注射预防接种时，就知道换人时必须换针头，否则可能引起传染性肝炎的传播，这一制度必须严格遵守，不容半点马虎。李桓英见他这样不拿病人当回事，写信给 WHO 反映此事，不久接到日内瓦的回信，说她的信像照相时的镁光灯一样闪亮，一下子轰动了 WHO。这位教授因此被撤职了。在世界卫生组织工作期间，李桓英养成了良好的工作习惯，她耿直，按规则办事，不论在哪里，不论对方的国籍、地位和身份，都一视同仁，本着对病人负责的态度，凡事严格按照科学规范和操作规程进行，绝不允许丝毫的马虎大意和糊弄。

李桓英在印尼的生活有趣又有规律，木瓜、咖啡、香蕉、印尼菜等她都喜欢。一般早上六点多在宾馆餐厅吃早饭，七点开始工作，一直到下午两点，晚饭要到七点多才吃。日诺有一条繁华的街道，饭馆等商店多是华人开的，对于李桓英这位来自中国的"世卫"官员，商家自然热情招待。李桓英经常要接待来自"世卫"的各国专家，除了向他们介绍雅司防治工作，有时还兼作导游。她常去的地方是婆罗浮屠。日诺西北30公里处有冒烟火山，婆罗浮屠就在山脚下。这是当时世界上最伟大的佛教建筑，大约建于公元9世纪（相当于中国的唐朝）。它与中国的长城、柬埔寨的吴哥窟和埃及的金字塔一起被称为古代东方的四大奇迹。婆罗浮屠是由火山石叠积起来的、由小佛塔包围的大佛塔，塔底115平方米，有三层以上的小镂空佛塔，内各有石佛像，塔高一百多米。婆罗浮屠曾被火山灰包盖，1991年被列为世界文化遗产。徜徉在世界文化宝藏中，李桓英更加懂得为人类解决疾苦的重要意义。

缅甸的性病防治研究

　　李桓英在印尼的工作得到 WHO 和印尼卫生部门的认可。离开印尼时，当地人还专门为她开了欢送会，印尼卫生部部长亲自出席。李桓英的家里保存了一件木雕，摆放在玻璃橱柜内，那是她在日诺的邻居送给她的巴厘岛印尼乐队的木雕，她很珍惜这位澳籍护士邻居的情意，难以忘怀这段宝贵的工作经历。1954 年秋，李桓英完成了印尼雅司病防治任务，世界卫生组织准备延续五年工作合同，经过慎重考虑，李桓英谢绝了，拒绝续聘的原因就是："雅司工作太单调了，活动性暗视野梅毒螺旋体仅限于早期皮损的组织液，之后的临床下感染，中晚期均限于临床表现和血清抗体的检测。无论病程长短，用临床查螺旋体再加血清学，1 至 2 针长效青霉素就足以解决问题。远不如之后的 WHO 世界性防治重点结核病或麻风病（均属核杆菌抗酸染色体）的病程那么长那么复杂。这两种病防治问题多，不仅治疗周期长而且要有规则，查带菌者在两种疾病中都是大问题，更不要说早发现了。所以不同意续聘。"世界卫生组织接受了她的请求，把她调到缅甸继续续任 WHO 技术专家，从事性病防治，主要进行梅毒性病防治和血清学诊断工作,合同是 3 年。在缅甸工作期间,李桓英与同事们一起建立了公共卫生实验室。经大量的临床实践和现场防治的研究得出结论,长效青霉素对雅司病、梅毒都有非常好的治疗效果。李桓英说:"在缅甸搞性病防治工作时,我跟缅甸的同仁处得很好,尤其是缅甸的一个老性病专家很友好。他对我说,你做工作一定要因地制宜。他的话对我回国后开展工作都很有教益。实际上工作必须要适应地方的需要,适应地方环境的需要,达到这个目的,才能在这个发展中国家立于不败之地。这句话我是记得很清楚的。但是因地制宜不是迎合地方的不合理的要求,制宜是要合理的、适应老百姓的、适应地方需要的才行,这样你才能立于不败之地。"

离开缅甸时,缅甸友人为她写了一首诗,表达了深情赞美和浓厚情谊。诗中写道:亲爱的李博士,你准备离开,这里有许多你的朋友。你带着热情和真诚完成了你的工作,微笑留在你的嘴边,你那么善良,你已经完成了全部工作,除了庆祝——不需要说更多语言。我们已经准备了鸡尾酒和丰富的晚餐,还有我们喜悦的心情。哦,如何能要求更多,当你成为这美妙的一部分,这样好的一位女性和老师,也许只有上天才能保佑你完成这样的神圣使命?所有学生感谢你，感谢你教他们的技术，科学的事业是这么美好。亲爱的女士，谢谢你所做的一切，愿你未来的生命之路像太阳一般明亮。再见不是不见，希望你将会再回来！所有缅甸联邦的董事、职员，仰光巴斯德研究所的实验室技术员、学员和员工将最好的祝福送给你。

在世界卫生组织工作了 7 年，年收入从开始的 6000 美元增加到 9000 美元，续约还可能增加，但她执意拒绝世界卫生组织的续约聘任，放弃优厚的待遇和舒适的生活条件，义无反顾地回到祖国的怀抱。

毅然回国

李桓英在新中国建立之前出国，一直受聘于世界卫生组织，在海外十多年间，手里只有一本民国护照。有一次，在旧金山过境签证时，机场管理员让其他乘客都顺利过了，唯独要求她必须按手印才放行，她的心就像被刀扎了一下。她意识到自己是一个被另眼看待的人，就在那一刻，她铁了心要回国。"我在国外跑了那么多国家，飘来飘去地就像浮萍，没有根。要做自己的事业就要到自己的国家才能扎根，为自己的国家，自己的人民工作，做什么都心安理得，我要回国当家做主人。联合国护照总是暂时的，这也是我回国的初衷。在联合国工作还是搞螺旋体祛毒素，我对这种单调的职业生涯厌烦了。更感染我的还是新中国的成立。"

1951 年在印尼雅加达时，正赶上"十一"，当地的华侨组织了一个庆祝新中国成立的国庆庆祝会，邀请她参加。会上，同胞们互相传递消息，被欢乐的气氛深深感染，从那时起，她萌发了回国的念头，想为自己国家的繁荣、富强尽一分力量。1957 年 6 月，世界卫生组织要与她续签 5 年合同，她再一次想到了祖国。在各个国家工作的几年里，她深刻体会到：亚、非国家疾病的流行和蔓延大都是由于贫穷和落后造成的，祖国刚解放不久，贫穷而落后，也有各种疾病肆虐横行，作为一个中国医务人员，应该用自己在"世卫"工作期间积累的经验更好地为国家服务。她感受到祖国的召唤，觉得中国人民更需要自己。那时的她已渐渐养成了独立思考的习惯，认定只有回到祖国才能生根、发芽、开花、结果。"中国是我的祖国，是我的母亲。"深思熟虑后的李桓英在人生道路上做出了关键选择，谢绝了世界卫生组织的挽留和优厚的工作待遇，回到祖国。

那时美国尚未与中国建立外交关系，李桓英手持民国护照，不能直接从美国回国，而英国与中国在 1954 年互设了代办处，李桓英正是通过英国周转回到中国的。她在缅甸就已想好通过英国返回祖国，便向世界卫生组织申请到伦敦大学热带病学院进修，这样可以一举多得：一方面是为了变更护照办理回国手续，另一方面可以到欧洲各地看看，多学一些新知识。1957 年 9 月，李桓英如愿就读伦敦大学热带医学研究院，1958 年 6 月毕业。伦敦卫生与热带医学院是一所声誉卓著的研究生医学院，是一个全球领先的关于公共卫生、全球卫生领域科研和研究生教育的医学中心。该学院于 1899 年创建，现属于伦敦大学。英国三分之一的研究生医疗教育和研究都是由伦敦卫生与热带医学院进行的。这样一个重要决定，她却没有向父母说起，怕家人不同意，父母和三个弟弟、一个妹妹已经在美国定居并加入了美国国籍。临行前，她绕道洛杉矶去看家人。李桓英回忆说："我跟我弟弟说过，回国后我给你写信。如果我说的是大好晴天，天天有太阳，就说明我没事儿。离开美国是因为我觉得人最重要的是要有一个自己的国籍，有一个让自己生根发芽的地方……"

像她阳光的心情一样，李桓英的回国之旅是一次浪漫的旅行。1958 年 DPH 结业后，李桓英在英国参加了漫游地中海诸岛的旅游团。她先从伦敦到巴黎，从巴黎到罗马又到雅典，然后到布拉格、彼得格勒，几乎跑遍整个欧洲，最后从莫斯科坐火车回国。在坐火车回国的一个星期里，她带了很多书报阅读，一周下来，颇有收获。50年代就游历了大半个欧洲，38岁时就已经跑遍大半个世界，视野开阔的李桓英初到中央皮炎所时恰巧遇到所里举办国际时事考试，旅行中的所见所闻对这次考试大有帮助。

回国后，她在沿途村庄看到的景象却与报纸宣传的不一样，有人睡在麦子上的丰收景象此时都是荒凉的土地，她的心一下凉了半截。但这并没有影响她的意志，相反，她觉得祖国在这样的情况下才更需要她，也因此更加坚信选择回国的决定是正确的。李桓英的这次选择是她人生中的重大转折，影响了她的一生，她说："从回国算起来，半个多世纪了，在这漫长岁月中，祖国无论是晴空万里还是风雨交加，我从没后悔过自己当初的选择。这期间，我也曾遭受挫折，也听到过无数次亲人和亲情的召唤，但都没有改变我报效祖国的决心。"

1958年隆冬，李桓英回到阔别20多年的北京。下了火车，她在大栅栏的一间小门脸中找到负责归国华侨接待事宜的同志，按照指点，她又自己找到位于二里沟的国务院外国专家局接待处。国务院外国专家局给予这位归国学子热情的接待，安排她在二里沟国务院归国人员招待所住宿。组织学习了三个月，了解了国情适应了环境，在一起学习的还有其他几个刚刚从国外归来的学子。学习结束后，外专局同志让填个人履历和工作意向，一起学习的人告诫她：别填错了，不能改的，你还是填留在北京吧。李桓英有在世界卫生组织开展性病防治的经历，根据专业特长，国务院外国专家局安排她到中央皮肤性病研究所（现中国医学科学院皮肤病研究所）工作。原本认为自己在国外主要同流行病打交道，流行病研究所更适合自己，但皮研所更需要，于是她服从国家分配，去了皮研所。

供职皮研所

中央皮肤性病研究所于 1954 年 5 月 15 日在北京成立，直属中央卫生部，编制近 170 人。设有性病、麻风病、皮肤病等科室及门诊、病房等。第一任所长由北京医科大学校长胡传揆兼任，书记戴正启兼副所长，苏联专家耶古洛夫为顾问。因负责全国性病、麻风病的研究防治任务，特设立组织指导科，马海德、叶干运为正副负责人。1958 年改为性病麻风病防治研究组，马海德为组长，叶干运为副组长。

1959 年 3 月 16，李桓英正式到中央皮研所报到。在那里，她遇到了回国后对她的工作、学习、生活、思想影响至深的三位领导：皮研所所长胡传揆，书记兼副所长戴正启和顾问马海德，他们都在国内外享有盛名。不久之后，单位领导就开会讨论李桓英的工作问题，戴正启书记、胡传揆所长和马海德顾问要求李桓英配合国家彻底消灭性病的规划，做"梅毒螺旋体制动试验"，起到早期发现、早期诊断的作用。面对这个工作要求，李桓英提出不同意见。因为螺旋体那个时候跟麻风菌一样不能在体外培养，试验虽然是特异的，但每次实验都需要活的螺旋体，并接种到兔子的睾丸上，到做试验时把兔子的睾丸摘除下来，再把睾丸切成片，放在粉碎机里面，将螺旋体抽提出来。做这个试验需要特殊配方的培养基，还要二氧化碳卵孚箱，而在当时，所里并不具备这些基本设备。而且除人的正常血清外，还要有其他十几、二十几种其他营养成分不同材料调配的培养基，在 5% 二氧化碳和 32 摄氏度的温度中培养卵孚育。在患者血清抗体作用下，18 小时后看梅毒螺旋体是否还能扭曲活动，难度相当大，以前从没有人做过同类的实验，李桓英有充分理由反对。青霉素问世以后，梅毒、淋病等性病已经能够得到有效的治疗。她坚持认为，研究一个已经能够被有效杀灭的致病菌没有实际意义，国家公共管理的措施到位，做好预防，做好公共检查就可以了。

那时国家还很穷，做实验要牺牲很多兔子，要花很多钱做配方复杂的培养基，还要添置二氧化碳卵孚箱等价格昂贵的实验设备。李桓英在约翰·霍普金斯大学卫生研究院实验室做过类似的实验，每次试验成本约为100美元，这不适合我国当时的经济条件，她觉得花这些钱不值。况且，性病是社会病，在当时的中国几乎绝迹。但领导态度很坚决，虽然我国已经基本消灭了性病产生的社会根源，性病患者日益减少，但五六十年代的患者几乎都携带过去遗留下来的隐性梅毒，所以，一个特异性更强的试验就成为性病扫尾工作的迫切需要。再者，这个课题在我国还是一个空白，并且实验有一定的难度，起码当时要李桓英承担这个课题，也可以检验所里的科研能力和操作水平。于是，双方对这个项目发生了争执，但一直保持很好的气氛，领导和专家都畅所欲言，各抒己见，却没有伤和气。李桓英对此颇有感触："我很幸运,碰到了几个好领导,他们个人素质很高,修养很好,容得下不同意见。"

第一次和李桓英开会谈工作就遇到她的反对，这也体现了李桓英的个性特征，坦诚率真，快人快语。不论什么人，什么级别，什么职务，哪怕是自己的顶头上司，她只要觉得有不合理的地方就会讲出来。就在李桓英觉得自己的理由十分充分，已经可以说服领导的时候，没有想到书记戴正启将了她一军："这个实验你会不会呀？"那意思是说，你要是不会就直说，别以国家穷为借口。这么一说，李桓英不再坚持，"组织上怀疑我不行，那我就硬着头皮做吧"。有着不服输的性格的她也只得接受任务。领导还向她提出了向1960年"五一"献礼的要求，时间只有一年，任务十分紧迫。为了保证实验成功，所里给她配了马兆祥、曹正仁两名技术员，他们才思缜密，心灵手巧，三人一起做螺旋体实验，配合得非常好。实验需要看书查资料，戴所长专门派一个姓高的小同志为李桓英跑图书馆，所里没有的，就让小高每周到协和大学图书馆去借。当时的实验条件非常简陋，操作间连紫外线消毒设备都没有，李桓英用二氧化碳的喷雾水代替消毒。还自制了二氧化碳卵孵箱，自己饲养试验兔。条件虽然艰苦，实验最终还是成功了。

李桓英的学识和经验推动了实验的成功。李桓英根据国外专家的螺旋体制动试验，在几个关键步骤上依据我国当时的条件加以改进，并降低了试验成本。她首先在培养基的组成上进行了改进，接种兔睾丸，筹备培养基，创建二氧化碳培养条件，加上了梅毒患者康氏阳性血清，第二天螺旋体就不扭动了，然后再用阳性酒精，阴性正常人血清做对照，效果还是很明显的。实验的思路对，在艰苦的环境下也获得了成功。实验完成后，为了证实本试验的特异性，还做了对照试验，李桓英只说了简单一句话来证明自己："我就弄出来了。"

1963年，李桓英在《中华医学杂志》发表了《梅毒螺旋体制动试验的研究》一文，该研究建立了敏感性高、特异性强的梅毒血清学诊断方法，为我国梅毒扫尾工作中血清学化验标准化起到了积极作用。1961年美国著名记者《西行漫记》的作者埃德加·斯诺先生来北京参加国庆典礼，观礼前马海德顾问特意把斯诺带到李桓英的实验室，骄傲地让他看在暗视野下正常活动、扭曲的梅毒螺旋体和在梅毒患者血清作用下不再活动的、已与抗体结合的梅毒螺旋体。看后，斯诺先生大加赞赏："在新中国，只要需要，就能做到。"

梅毒螺旋体制动试验结束之后，皮研所搞麻风病研究的同志要求李桓英再做一个麻风菌的接种试验，这是难度非常大的实验，因为麻风菌只寄生在细胞内，至今尚不能在体外培养；在马海德的指导下，李桓英先开展麻风菌抗原实验。

李桓英在参考文献中找到了从麻风组织中提取光田氏反应抗原的方法，恰好麻风病研究室何达埙大夫从河北望都皮肤病院带回一个从麻风病患者尸体中取出的脾脏。李桓英尝试着从病人脾脏中提取麻风菌和可溶性抗原，应用荧光染色法进行涂片和病理检查。还是在那个非常简陋的操作间里，她做着在国内从未做过的麻风抗原提取实验，按照书中讲到的操作步骤，做了满满一瓶皿，麻风病菌被提取出来了。抗原实验成功后，李桓英开始做抗体实验。

就在这个时候，皮研所冒险实验，用人工接种麻风病菌。而做这个实验的，只有她一个人，她要用自己的身体去做实验。这段时间正值所里搞超声波运动，凡事都要先用超声波超一下。马海德大夫也"迷信"超声波，他拿提取的麻风菌表面油性物质的一小部分进行了"超声"处理，给李桓英左上臂外侧皮内注射了0.1毫升，同时用未经超声处理的试剂，给李桓英右上臂相应部位也进行了同样剂量的注射，做对比观察。一个月内，李桓英双臂均出现了结节和溃疡，左边的疤还要大一点。这两个疤证明超声波一点用处也没有。提到这次试验，李桓英感慨地说："我得不了麻风，我注射麻风菌几次阳性，有抗体。"的确，李桓英于 20 世纪 60 年代制作的光田氏反应接种的麻风菌，与她于 20 世纪 80 年代从美国取来的麻风菌素是同样的东西，接种后留下疤痕，是对麻风菌感染有抵抗力的表现。李桓英左右手臂上至今尚留有清晰可见的疤痕，她风趣地说，这两处疤痕是马老（马海德）给她留下的宝贵纪念。

在自己身上做试验，在麻风病没有特效药的情况下，是要冒极大的风险的，如果感染了，就真的成了麻风病人了，这是名副其实的为麻风防治事业"献身"了。李桓英回国初期所做的两个实验在当时都属于尖端和超前的，又都取得了成功，一时成了知名人士，这为她日后投身麻风防治事业埋下了伏笔。

"我的根在中国"

20 世纪 60 年代初期，我国遭受严重的自然灾害。在美国定居的父母对独自一人在国内生活的女儿放心不下，专程从美国飞到香港，希望女儿到香港见面。考虑到李桓英家的特殊情况，皮研所批了李桓英两个月假。1964年3月到5月，李桓英与父母在港团圆，见面后父母反复动员她去美国工作定居，与家人团聚。她向年迈的父母说道："国内生活确实艰苦，可是苦的不是我一个人，很多人缺吃少穿、体弱多病。我作为一个医生，这时候离去还不如当初不回国，我回国的目的就是要为贫穷落后的祖国服务！我回到中国比在美国工作、学习、生活心情舒畅。能

1964年3—5月与父母于香港

为祖国为人民服务我感到自豪。"父母被女儿的报国情怀
所深深感染，满怀希望而来却带着眷恋走了。望着父亲的
白发、母亲的皱纹，她带着坚定的意志和分离的感怀，再
次和两位老人道别，没有想到，这次分别竟是父母与女儿
的永别。到机场送别，母亲杨淑温扭头而去，再也没有回
头看女儿一眼，父亲李法端的眼中却噙满了泪水。巨大的
伤痛让李桓英心如刀割，一辈子都忘不了这个场景。

三年自然灾害期间，生活条件相对艰苦，但她说："一
个月 27 斤粮食，还有半斤油，够吃了。"在国家困难时期，
她想的不是生活有多么苦，而是想着要努力工作，要对得
起这 27 斤粮食。如果说春天是倒叙的风雅颂，李桓英倒
叙过的就是苦中作乐的夏秋冬。

1980 年 7 月至 1981 年 3 月，李桓英作为改革开放后
第一批访问学者远渡大洋，访问了包括美国在内的七个国
家。那时她已调入北京热带病研究所做麻风病研究，这
次出国考察就是了解世界治疗麻风病的进展情况。当她再
次来到父母定居的美国，双亲已经不在了，她只能坐在父
母墓前默默地思忆。

1946 年，李桓英与父亲初到美国；1950 年与到美国
定居的父母、弟妹短暂地相聚；1958 年父亲送她赴英国学

1980年夏 李桓英在美国洛杉矶父母的墓地

习；1964 年在香港与父母见面……聚少离多。坚强的李桓英没有落泪，她向父母默念着她回国后的作为，告诉父母，他们没有白养了她这个不讲孝道的女儿。这次在美国与弟弟妹妹团聚，又被劝说留下，她还是拒绝了，在详细考察了美国及其他几国的医疗成果和经验后，李桓英如约返回祖国，她心里挂念的是麻风寨的病人和她正在实施的科研项目。出国学习访问期间，用自己节约的外汇，为热研所麻风室购买了双筒荧光显微镜、英文打字机、幻灯机等设备，并从美国麻风中心带回了千余人份的麻风菌素，后来这些麻风菌素都用在山东潍坊地区的麻风病氨苯砜治疗后复发的预测上了。李桓英舍财、舍己，舍小家、顾大家，正是少年时祖辈熏陶的结果。李桓英常说："只要是我认准的事，就决不回头。""我是中国人，我的根在中国，我的事业在中国。离开了祖国，我的人生还有何价值？"

两年后，考验期结束，党办的主任对她说，先给你定个级，你有什么要求？现在定了，以后再改就难改了。她回答说："我是回来工作的，不是回来要级别的，我才不在乎工资呢，我一个人好生活，我没要求。你两年不给我工资，我自己带回来的钱也够用的。"评级这件事，一搁就是二十年，她从没有过怨言。李桓英的人生哲学是独立自主，因地制宜，尽力而为。她不想为了个人的事麻烦组织。被调到热研所工作是 1978 年，李桓英被委以负责麻风防治工作的重任，还作为改革开放后首批访问学者到美、英等七个国家进行了将近一年的工作考察。凭自己在世界卫生组织的经历和人脉，李桓英的工作得到了国际社会的大力支持。考察结束后，她带回了先进的治疗理念、药品、科研项目和 WHO 提供的科研经费，成为我国麻风防治战线上新的学科带头人。在征得马海德的意见后，李桓英在云南西双版纳一个自然村兴致勃勃地开展起工作。

回国后的很长一段时间，李桓英住的都是集体宿舍。

1982 年，李桓英被北京友谊医院北京热带医学研究所定级为研究员职称，相当于正教授。日后又获北京市 1988 年劳动模范称号，任职中国麻风病防治协会主任、世界卫生组织麻风工作驻中国协调员、第七届全国政协委员，1988 年荣获全国"五一劳动奖章"和"优秀医务工作者"的光荣称号。

深入麻风村

1970 年 8 月，根据中央战备 1 号令的精神，卫生部军管会指令中国医学科学院皮肤病研究所全所下放到江苏泰州市，改名为江苏省皮肤病防治研究所。当时苏北三泰的泰州、泰兴、泰县是中国麻风病的高流行区。李桓英因为经历独特，"受资产阶级思想熏陶多年，应当好好改造"，被分配到长江北岸的滨江医院。当地有一个人见人怕的麻风村，在这个江边风景优美的小村子里，她第一次见到了麻风病人。一个小女孩手牵着一位中年妇女，小心翼翼地来到李桓英面前说："医生阿姨，你快帮我妈看看吧，她不能为我们做饭了，我饿……"李桓英轻轻拍拍中年妇女的胳膊："抬起头来，让我看看怎么回事？"中年妇女犹豫着抬起头。李桓英被惊住了，女人一只眼睛已经失明，另一只闭不上，一只脚已溃烂，流着脓水。惨不忍睹、触目惊心……还有一个小男孩仅仅因为一只手指有一点轻微麻风症状就被投入麻风村，在那儿一住就是几十年。

麻风病这个古老的疾病，在人类五千年历史中已经伴随我们三千多年了。这个古老而凶残的幽灵不但历史悠久，还纵横于世界的每一个角落。麻风病自古就被认为是恶魔，其患者便成了不知何时犯了罪，也不知犯了何罪，冥冥中被恶魔附身的人，似乎十恶不赦，罪有应得，上天要采用最痛苦的方式来折磨他们的灵魂，惩罚他们的肉体。无论是谁，得了麻风病就等于被宣布死刑！旧时最人道的处理措施，就是把他们驱赶到一个无人区，让其自生自灭。在人类和麻风病斗争的几千年里，几乎全部都是失败的记录！

最早的记载来自三千多年前的古埃及。公元前1324年至1258年，法老雷姆赛斯二世统治着古埃及辽阔的疆土，一种奇怪的疾病开始在埃及南部和苏丹等地的黑人中蔓延。埃及人把这种病称为"瑟特"，意思是"溃烂"。三千多年之后，现代考古学家终于打开了神秘的金字塔，当他们对一具埃及木乃伊进行详细研究时发现，这个不幸的古埃及人生前曾经遭受过麻风病的残酷折磨，他的颅骨因此被严重损害。这项考古发现最终有力地证实了此前关于麻风病在古文明时期就存在的种种传说，可以肯定地说，作为一种古老的疾病，麻风病确实已经折磨人类几千年了。公元前8到6世纪，麻风病从亚洲和非洲传播到了欧洲。据说，当时希腊半岛两个最强大的城邦雅典与斯巴达，与西亚和北非的国家爆发了一连串的战争，最后获胜的希腊人把200多万俘虏带回希腊卖做奴隶。然而他们没有想到，一些身患麻风病的奴隶把这种可怕的疾病带到了欧洲。到公元4世纪时，麻风病在欧洲已经广为流行，从斯堪的纳维亚到巴尔干半岛，面部畸残、手脚残破的晚期麻风病人已随处可见。头发、汗毛、眉毛脱落，耳朵、鼻子残缺，这些面部畸形的麻风病人似被恶魔附体，让人恐惧。由于害怕，并由怕生出恨意来，历代统治者往往会迁怒于染上麻风病的病人。在中世纪的欧洲，有这样的传闻：恐惧的人们用船把麻风病人大批运到海上，再投入大海溺死，而许多荒郊野外和无人居住的山谷，成了专门放逐麻风病人的隔离区。据说，麻风病人还会被当成死人看待，隔离前要举行送葬仪式，隔离后则要严格限制外出，如果外出，须边走边摇铃或打板儿，以使他人及时躲避。

在我国历史上，麻风病人的悲惨故事流传甚广。1975年底，考古学家在湖北省云梦县的秦墓里出土了1155支竹简，研究发现，这些竹简是秦朝判案的法律文件，而其中有6支竹简揭开了发生在秦始皇统治时期的一件惨案：一个老百姓因被发现身患"疠"病，根据秦朝的法律被押送到偏远的"疠迁所"，然后被挖坑活埋。由此可见，麻风病人不仅得不到同情和救治，还要经受社会的歧视，这样的历史能追溯到很远。当权者迫害屠杀麻风病人的悲剧直到20世纪还时有所闻。20世纪初，广州有一个叫陈济棠的军阀，据说他把300多名麻风病人集体召集来，说是请吃饭，然后将他们拉到白云山枪决。

麻风病是一种致残，甚至毁容的慢性接触性传染病。曾经肆虐于世界五大洲的各个国家，在医学史上，曾与梅毒、结核并称为世界三大慢性传染病，长期被人们视为"不治之症"。由于麻风病晚期所致肢体和颜面畸残的不良表征，加深了人们对麻风病的恐惧和对病人的歧视，甚至是残酷的迫害。麻风病人不仅遭到肉体上的痛苦，更要经受精神上的折磨。因而，麻风病不仅仅是公共卫生问题，更是严重的社会问题。早在民国时期，由于医学的落后，对这种病缺乏有效的控制手段，当时的政府也开始实行国际通用的麻风隔离政策，将麻风病人聚集到边远的村落集体治疗。新中国成立后，限于当时国内外对麻风病的认识水平，麻风村仍然保留，成为麻风病治疗管理的特殊组织机构。

滨江麻风病院可以说是一个与世隔绝的地方，我国普遍采取对麻风病人实施隔离治疗方式，病人与医生一起被放到郊外偏远地区，城里的病人也被送进麻风村隔离。病人的信要消毒，钱要消毒。医生看病人要身穿隔离衣，脚套橡胶鞋，戴手套口罩。麻风病人手脚残断、鼻塌眼盲、面目狰狞，的确让人害怕。此情此景使李桓英对麻风病人产生了深深的同情："麻风病人也是人，更需要社会的关心。看着他们与世隔绝，被社会抛弃，我就觉得，自己该帮帮他们，当时也没有想这么多，说实话，不是我选择了工作，而是麻风病选择了我！"

工作半年之后，李桓英深切了解到人们对麻风病的恐惧。但令她心酸的是人们对麻风病人的歧视与排斥，甚至到了对麻防医务人员也要退避三舍的地步。医生们治疗时外露部分只剩下两只眼睛，从口罩、帽子、手套到白大衣，一层层裹得严严实实，把自己武装成防化兵一样。李桓英感觉到："更严实的是医生的戒心。"发药时，许多医生站在一米开外用棍子把放在地上的药一直捅到病人身边。李桓英既痛心缺乏良药擒服病魔，也痛心同行的恐惧和人们对麻风病的曲解、歧视。

1971年是她到麻风村的第一个春节，麻风病人表演节目是常见的一种庆祝方式。一些病人用残疾的肢体支撑在地上，装作被打倒的走资派，戴着纸做的高帽子；另一些病人装作造反派，用有残疾的手不停地挥动着鞭子，喊着口号。面对这一场景，李桓英被震撼了，从内心深处涌起了深深的悲哀和同情。有时候是不习惯，有时候也是久久的压抑，有多少爱在心里积压着，表面的和风细雨那是在等待爆发。麻风病人遭受着疾病的折磨和人们的歧视，作为一名从事公共卫生事业的医生一定要尽全力帮助他们。随着工作的深入，她发现麻风病院存在不少问题：国家政策要求麻风病院只收治（隔离）多菌型麻风患者，但是这个麻风院把少菌型患者也隔离了，扩大了隔离范围；当时除氨苯砜外，并无其他特效药，而用氨苯砜单独治疗，不但疗程长，而且易造成耐药性复发；医疗工作不够彻底，麻风反应多、残疾多；最重要的，是被隔离的麻风患者不仅得不到帮助，还要自食其力，每天辛勤劳作，容易加重病情，导致残疾。她迅速向有关人员提出建议。

李桓英意外发现，这个偏远的县城医院居然有外文期刊，可以查看到较新的英文文献，李桓英提示中央皮研所的药剂师"反应停"的化学结构及治疗麻风反应的效果，就是在该杂志上看到的。同时，她还在该杂志上了解到氨苯砜也可以起到杀菌作用，得知当时国际上对麻风病人已经不主张实行隔离治疗了。这才有了十年后李桓英裸臂素衣，不戴任何防护用具，深入麻风寨与患者握手拥抱的震撼场面。如何寻求更有效的疗法，铲除人们对麻风病认识上的误区，开始萦绕在她脑海，再也挥之不去。虽然不久后军代表宣布让李桓英去农村防治头癣，但在滨江医院的这段经历，为她以后从事麻风防治工作奠定了基础。

在农村巡回医疗时，李桓英看到有一个赤脚医生在家里用土办法生产红曲霉素，这给李桓英和技术员曹正仁很大启发，想到用土办法自制灰黄霉素。经过实验研究，免费灰黄霉素制成了，命名"辉煌丸"，后来改名"灰黄丸"。"灰黄丸"的毒副作用实验是在李桓英和曹正仁两人身上做的，他们连续三天各自吞服了30克药丸，看没有什么不良反应，就开始了临床使用，解除了病人的痛苦。公社书记乐开了花，苏陈公社为她送了锦旗。1972年，李桓英发表《灰黄霉素研究进展——药理及毒性作用》；1974年，发表《灰黄丸治疗头癣》；1976 年，发表《治疗头癣"灰黄丸"的土法生产介绍》……现在我国已基本消灭了头癣。

开启中国麻防事业

1972 年年底，正当李桓英与江苏省皮肤病研究所的同事们积极开展头癣病的防治时，北京医学院院长兼中国医学科学院皮肤病研究所所长胡传揆和皮肤科主任王光超到上海修改医学教科书，顺路看望搬迁到江苏泰州的皮研所同志们。胡传揆院长知道她在 1962 年就开展了荧光抗体在梅毒血清诊断中的应用研究工作，要求借到北医皮肤科开展荧光抗体工作。

1973 年，李桓英来到北医，到京后，她先去拜会了老领导，中国医学科学院皮肤病研究所的书记戴正启和顾问马海德。马海德顾问在皮研所下放到江苏泰州后，被调到阜外医院。见面后，马顾问要求李桓英在北医皮肤科工作的同时也要兼顾阜外医院皮肤科开展的红斑狼疮荧光抗核抗体诊断试验。在北京工作期间，李桓英没有住处，她搬到了马海德顾问家，马夫人苏菲特地腾出一间房间给李桓英住，这个房间原是马海德的孙子马骏住的。在这期间，李桓英取得了一系列学术成果：1976 年发表《系统性红斑狼疮和抗核抗体》；1977 年 7 月发表《免疫的生理病理和皮肤病》；1978 年发表《系统性红斑狼疮和自身免疫》《真菌致癌问题》和《抗核抗体在系统性红斑狼疮的临床中西医结合治疗中的意义》，率先在我国建立了抗核抗体试验，为类风湿性疾患建立了一个较可靠的化验方法，并推动了其他自身抗体的探讨；1979 年发表《免疫的生理病理和皮肤病》等文章。

1973 年到 1978 年，李桓英借调到北京，六年时间她是一个一无单位、二无户口、三无住所的"三无"人员。这段日子，李桓英除了住在马海德老顾问家，还在西山脚下租了一间民房。1976 年唐山大地震，为了躲避地震灾害，李桓英搬到戴正启所长家去住。戴所长家那时住在中国医学科学院医药生物技术研究所，地震时，李桓英吃住都在那里。晚上，戴老与他新婚不久的妻子住楼下的大过道里的双人床，李桓英住大过道里的单人床，中间拉起一个布帘。白天，用露天的煤灶做饭。戴老曾经任北京苏联红十字医院副院长，与苏联专家友好合作，学会了烤牛排，非常好吃。李桓英常说："马顾问、戴所长和胡院长是我的恩人，是我的良师益友！那段时间深受马顾问指教，他是我走向麻风防治工作的指路人、领导者。就这样，马老的指引启动了我的后半生——继续马老开辟的我国麻风防治事业的生涯。"

1978年，我国著名热带医学专家、热带医学奠基人之一钟惠澜教授正着手在北京筹建热带医学研究所，并于1978年3月17日正式成立，叶剑英元帅亲笔为研究所题名。李桓英在报纸上看到北京热带医学研究所成立的消息，找到戴正启书记。戴书记在新中国成立初期任北京友谊医院书记，戴书记接受了她的请求，给前友谊医院副院长、我国热带病专家钟惠澜打电话，推荐李桓英。很快，李桓英就见到钟老，简单了解后，钟老又问了一两句德文和英文，李桓英对答如流，当即调入热研所。耳顺之年，李桓英迎来事业高峰，立志攻克麻风病。

1978年，党的十一届三中全会做出了实行改革开放的重大决策。年底李桓英正式调入北京热带医学研究所。12月，从江苏省皮肤病防治研究所正式调到北京友谊医院新成立的北京热带医学研究所工作的她，选择了麻风病现场防治研究。1979年初春，适逢我国改革开放的头一年，联合国世界卫生组织热带病防治规划，把各大洲六大热带病：疟疾、血吸虫、丝虫病、昏睡病、利什曼病和麻风病列为全球控制的疾病，恰与北京热带医学研究所的热带病研究方向相吻合。有这么多好朋友、好领导帮助，她落户北京前门东大街的一套面积很小的单元房，有了安稳的新家，她感到很幸运很温暖。

北京筹建的热带医学研究所是一个集热带病诊治、预防和研究为一体的科研单位，是我国成立最早的、北方地区唯一的热带医学研究机构，也是中国最早被世界卫生组织任命的合作中心，1981年起曾先后成为世界卫生组织利什曼病、肝吸虫病、肺吸虫病、囊虫病合作中心，还是北京市病原生物学重点学科组成单位，是国家中医药局"中西医结合病原生物学三级实验室"和"北京市卫生局禽流感网络实验室"。机构设置于首都医科大学附属北京友谊医院，也是首都医科大学病原生物学的博士、硕士培养点。热研所的科研设置有麻风病、寄生虫病、病毒性疾病、机会性感染等的基础研究科室。设有热带病门诊、肠道门诊、麻风门诊及专业病房，并安排了寄生虫、病毒、机会性感染、麻风病菌的临检工作。

1981年，凭借资历和影响力，李桓英被授予印度麻风协会终身会员，并任国际麻风协会会员。同年，李桓英参加了在仰光召开的《WHO麻风治疗和免疫科学工作会议》，在会上，世界同行们首次听说了短程联合化疗的概念。没参加这个会议，中国就不可能在第一时间得知这一信息，也就很难保证进入到短程联合化疗实施阶段的第一梯队。在与世卫组织的交往中，她得知WHO每年都有援助项目和资助计划，但在国内却没有这方面的信息，因为从没有主动申请过。于是，李桓英立即提醒国家相关部门主动提出申请。

1981年，李桓英多次赴印度、缅甸、马来西亚等麻风重灾区，并前往美国等麻风病研究先进国家学习访问，取得了一次又一次骄人的成果。

热研所坚持科研、临床相结合的工作方法，建立了热带病形态学、免疫学及分子生物学检查体系，接诊来自北京、全国及世界热带病流行地区归国的热带病患者。研究涉及的病种包括钩端螺旋体病、黑热病、麻风病、肝肺吸虫病、原虫性腹泻病、登革热等，涉及寄生虫、病毒和细菌病原微生物领域的科研与临床工作。在热带医学专家李桓英率领下，课题组2001年获得"国家科技进步一等奖"，为我国麻风病的基本控制做出了贡献。近年来，瞄准热带医学科技发展前沿，热研所在麻风病、肺孢子菌、广州管圆线虫病、囊虫病脑积液蛋白质组研究、热带病科研和检测平台建设等方面承担了国际 NIH、国家自然科学基金、国家科委、北京市科委等科研课题数十项，上述领域的科研工作在国内外处于领先地位，是中华医学会热带病与寄生虫学分会的挂靠单位和中国麻风防治协会理事单位。

热研所以首都医科大学附属北京友谊医院为依托，长期诊治来自北京以及全国和其他国家的热带病病人，并承担北京地区和全国的热带病会诊工作，承担各类出国人员有关热带病的咨询、培训以及归国后的体检、诊断和治疗工作，承担着赴非洲医疗队热带病的培训等多种社会公益性工作。而这所有的成果，都有李桓英的一份努力。这就是铁的力量，铁的温度，95 岁，"95 度"。

李桓英一辈子没有成立家庭，她的过往用一句话形容就是：北京热带医学研究所研究员李桓英教授，长期以来坚持从事中国麻风病的防治工作。1958 年，李桓英告别在美国定居的父母、弟妹，放弃优越的的生活条件，全身心投入到消灭麻风病的工作中。多年来，她经常奔赴云、贵、川等地的边远地区为患者治疗，不计报酬，不怕脏累。她钻研了国内外大量的资料，提出用两年服药代替十年服药的科学依据，试制成功短程治疗方法。到目前为止，云南省 17 个县的两万多名麻风病人已减至五千人，一些麻风村寨陆续开放，恢复生产。为此，李桓英被云南省授予先进工作者的称号。

为了中国的麻防事业，李桓英付出了常人难以想象的代价。曾两次在下基层时因道路条件极差而翻车，左右锁骨和三根肋骨骨折，头部摔裂，至今肩、胸畸形，腿也有旧伤，但她并未因此退缩，照样下乡。李桓英代表中国与世界卫生组织签订了"云、贵、川三省五年合作防治麻风病计划"，力争在2000年彻底消灭麻风病，并向联合国申请到免费供应药品、设备，15辆日产汽车及100万美元的援助。在第十三届国际麻风病会议上，她的两篇论文受到各国专家的好评，并在其他国家推广。

把心放在医学上，有一簇簇一蓬蓬的大爱痴狂。这是百年的守候，清风万里，黄鹂在歌唱，酒醇天涯，东风已然酣醉。穷尽一生，她们仍旧在把麻风病人守望，守望着步向幸福的终点，她们才是夜航者永远的灯塔。

在写李桓英时，我一直庆幸自己作为一个写作者，无须在写作之外再去做一些别的什么。事实上，我却恰恰刻意地在她的每一个年代里，不知不觉被带进了无比鲜活的医学世界，在某种程度上已经导致我时时刻刻怀疑自己的写作水准。

我在场，我到场了。改革开放迎来攻克麻风病的新兵：翁小满、袁联潮、温艳、邢燕、尤元刚等，就亲切和蔼地站在我们身边，我却依旧感觉她们是最遥远的、最可爱的人。说到理想，就别把它往大处说。她们的工作没完没了，她们只在友谊医院的一个小角落，默默无声地诠释着、叙述着与众不同的理想，就在这一小角，几十年如一日地探秘着、寻找着正在人间渐渐冷却的麻风温度。理想似乎更早已恢复到每一个个体成长的自由与独立上，需要努力，用努力生长出自己的理想。我坦诚地说，这是一支不需要用"理想"去证明的队伍！她们只想活出真实和真实中的态度，这个态度就是这个"温度"。世界如此广阔，阳光那样暖，把那些碎银似的露珠点化成金，面向金光闪闪的太阳，诉说她对万物的祝福。

1985年11月在广州召开中国麻协、基金会、麻风中心成立暨第一届国际麻风学术会议

1985年11月参加在西南三省麻风联合化疗讲习，西昌麻风现场（一）

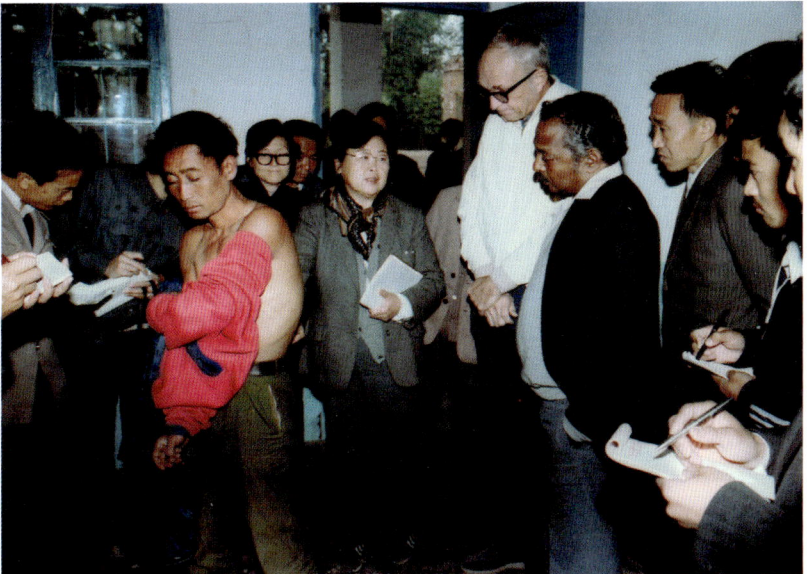

1985年11月参加在西南三省麻风联合化疗讲习，西昌麻风现场（二）

1986年6月在西双版纳曼南醒村渡罗梭江

1986年6月由WHO召开的麻风血清检测研讨班（一）

1986年6月由WHO召开的麻风血清检测研讨班（二）

1986年6月18日考察菲律宾现场

1986年11月乘独木舟进麻风村

1986年12月在全国麻风理事扩大及MDT会议上

1986年WHO援助的丰田巡洋舰在基层深受欢迎

1986年到勐仑镇麻风寨送温暖

与世界卫生组织官员杰克逊在云南

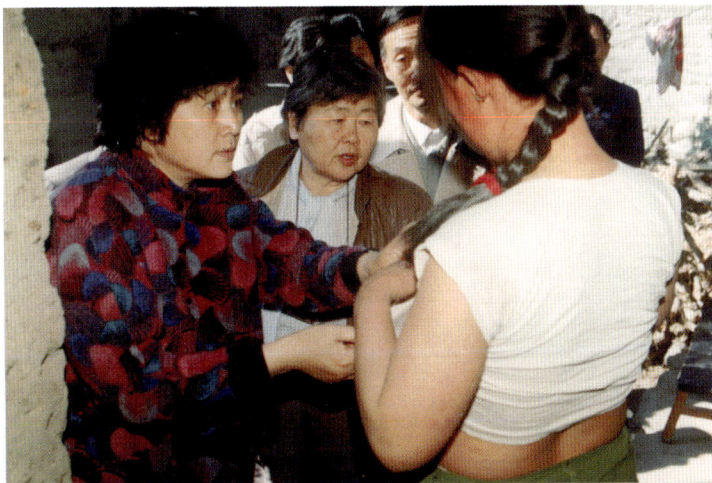

1986年与四川省皮研所所长胡鹭芳在麻风现场检查病人

李桓英在实验室工作

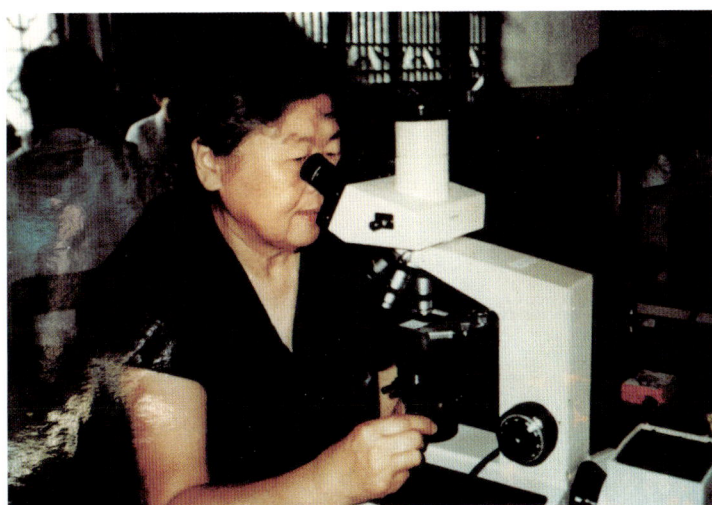

与世界卫生组织官员杰克逊在贵州习水

1987年世界卫生组织专家在西昌考察指导工作

1988年1月参加麻风寨联欢

1988年1月在勐腊县开展麻风科研工作

1988年1月31日出席首届中国麻风节电影招待会

1988年1月在回箐村

1988年1月参加麻风节

1988年1月深入阿克老寨做宣传教育工作

1988年9月出席海牙第十三届国际麻风会议的中国代表团主要成员

1988年9月在荷兰第十三届国际麻风会上与美国麻协主席合影

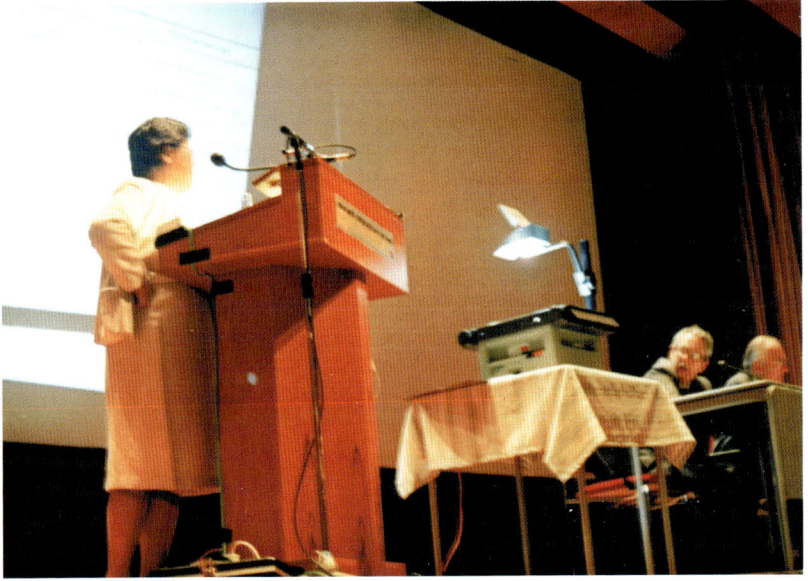

1988年9月15日在第十三届国际麻风会议上宣读论文

1989年9月国际麻协主席勒夏访问北京

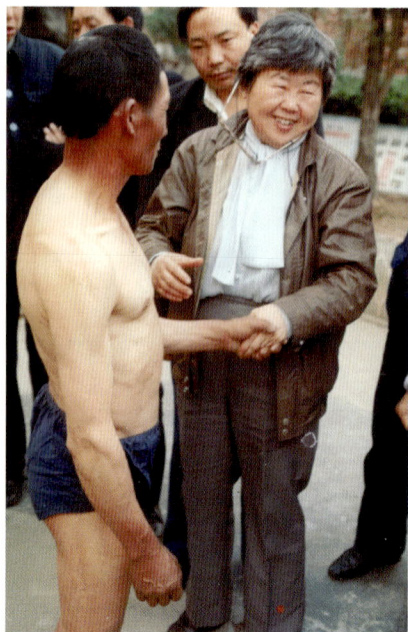

1989年在西昌检查病人

1990年2月8日与美国麻协主席在苏菲家做客

1990年4月16日勐腊县麻风寨摘帽更名大会（一）

1990年4月16日勐腊县麻风寨摘帽更名大会（二）

1990年4月17日穿上麻风患者送的傣族服装在通往曼南醒村的独木桥上与马金福和勐腊县卫生局局长合影

114

1990年4月17日在勐腊县麻风寨

1990年4月17日摘帽大会上刀建新讲话并向李桓英送锦旗

1990年4月17日摘帽大
会上李桓英穿上美丽的
傣族服装动员大家跳舞

1990年4月到勐腊县看望病人

116

1990年4月18日摘帽大会

117

1990年4月麻风村合影

1990年3月出席全国政协七届三次会议

1990年5月陪同世界卫生组织官员沃森先生来川考察

1990年5月与沃森夫妇考查云贵川时合影

1990年8月参加奥比斯眼科学习班

1990年10月与美国杰克逊博士到西双版纳考察

1990年10月与曼南醒村村民合影

1990年11月世界卫生组织官员杰克逊先生在川考察

1990年泼水节时与曼南醒村傣族姑娘（麻风患者子女）合影

1991年1月29日与麻协工作人员合影

1991年1月曼南醒村村民送李桓英出村

2 SMHF LEPROSY MDT COORDINATING MEETING
FEBRUARY 1991 AT BANGKOK

The 2nd SMHF MDT Coordinating Meeting
February 5-7, 1991 Bangkok

1991年2月参加第二届MDT会议

1991年3月28日出
席全国侨联招待会

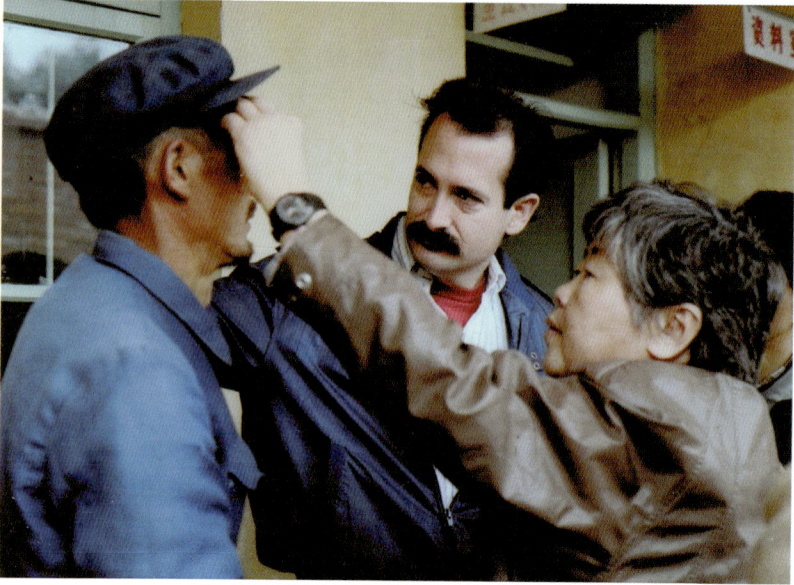

1991年4月奥比斯眼科合作项目在西昌考察

1991年11月19日在勐腊县与马金福家人吃饭

1991年11月与曼南醒村小学生在一起

1991年在韩国与沃森交流

1991年在汉城会议上做报告

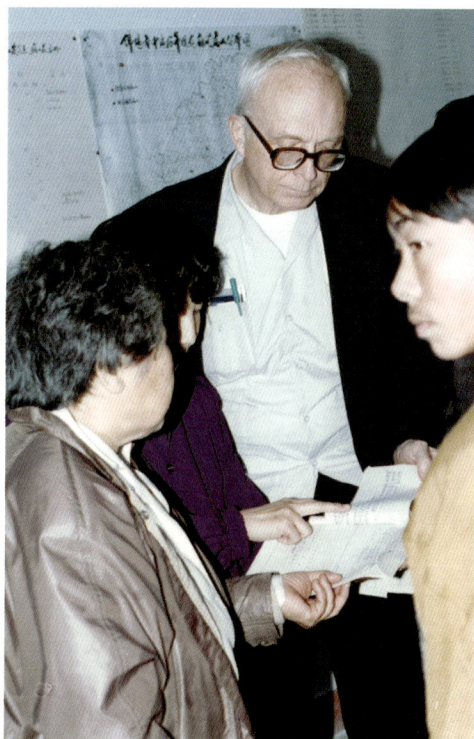

李桓英与杰克逊检查讨论
麻风资料

1992年5月20日WHO官员诺丁博士到勐腊县曼南醒村考察

1992年5月20日在曼南醒村向WHO官员诺丁博士介绍工作

1992年5月20日与曼南醒村村民合影

1992年5月20日与诺丁、黄文标在曼南醒村

1992年5月与诺丁博士在凉山、攀枝花考察麻防工作

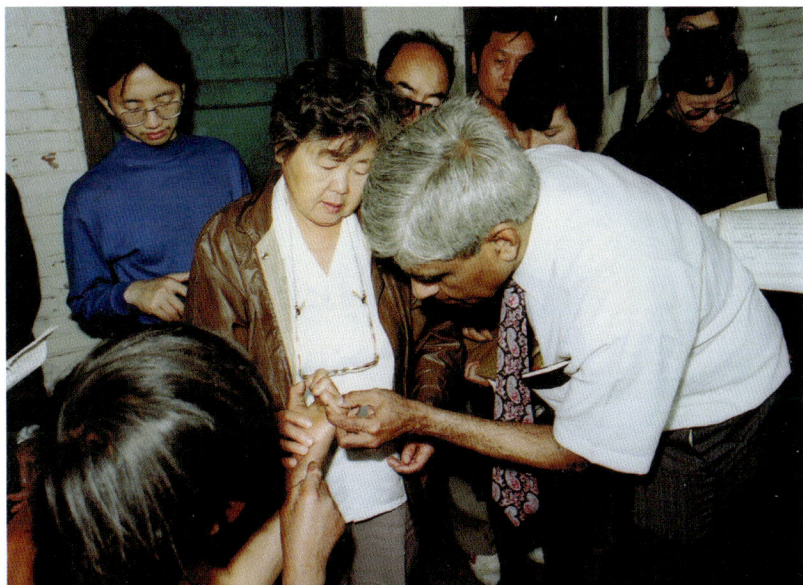

1992年与沃森、皮佛尔到文山开展康复试点工作

第三篇

为了全部的因为，
锻造了一切的所以

黄殿琴

文字是一枚枚晨曦洒落的毛尖，是夜里一颗颗饱蘸了岁月光华的夜明珠，也是一棵棵灸灸生命经络的艾草。生命与岁月嵌合，岁月，也给了生命一道道韵律与年轮。如果说，世界上最珍贵的东西，一个是时间，一个是情感；那么，诞生珍贵佳作的，一个是时间，一个是情感。赞美和歌唱，不应该挂在终点的那棵树上，它应该在更早的时候得知和遇见，那就即刻呵护迟到了的机缘吧，加倍地与李桓英在一起，每见一次就生长一寸；每写一段就完美一丈。历铭沧桑铸英杰，史刻成功听有声；一些过往，如四季的倒钟远去了一如复来，她诠释着：每一个人就是整个国家，但没有国家，我们什么都不是！这世界，没有什么终点，没有什么使我停留，除了目的，纵然岸旁有玫瑰、有绿荫、有宁静的港湾，我是不系之舟。也许有一天，我的追求与遨游使我疲倦；也许有一天，意志是我，不系之舟更是我。音符飘着，在寂静中才能听懂的一首歌，能把一场雪听成一首歌，况且听到的是歌声中的沉静，李桓英应该算一个。夕映归帆。有人说，有一种花美极了，美得无法形容，李桓英真美。三千繁华，弹指刹那，人间正道，她是照亮道路的火炬！

—— 题记

使命与誓言

    青春早逝为殇，枯藤晚盛称狂。李桓英今年95岁高龄，95岁，对绝大多数人来说已远远超过退休年龄，李桓英却恰逢其时地迎来事业的高峰。几近百岁的李桓英，有志向、有胸怀，个头不高，手中拿着铝钢的短拐棍，像是攥着指挥棒，带着我们盛大检阅，抬起头共同瞩目麻风这个国家命题，在历史河流上流动。于是，我从心底尊重与她相识的这一天，我尊重这个日子。

    美国著名女诗人西尔维娅·普拉斯，曾用诗性的语言和诗人独特的视角对人格魅力有过精彩的论述："魅力有一种能使人开颜、消怒，并且悦人和迷人的神秘品质。它不像水龙头那样随开随关，突然迸发。它像根丝巧妙地编织在性格里，它闪闪发光，光明灿烂，经久不灭。"传统优良的家庭影响，扎实的早期教育，青少年时代的艰苦历练，果断的专业抉择，巧遇的良师益友，敏锐的洞察力，出色的语言沟通能力，勤奋乐观吃苦耐劳的品质，强烈的进取心，全面的学科综合能力，不屈不挠的工作意志力，严谨规范的实验室锤炼，浓厚的爱国情结，在世界卫生组织的岁月……这一切将李桓英锻造成综合素质超高的疾病防治专家。真正激发她的昂扬斗志和满腔热情的是麻风防治事业，在调入热研所正式接手麻风防治工作的那一刻起，李桓英才猛然意识到，原来此前所做的一切，都是为麻风事业所做的准备。自己最有意义的人生才刚刚开始。

这样的责任感源于一个社会赋予的使命感，一个科学的姿态。一种情感的出口，需要太多的东西来支撑，它需要体系。让我们感到振奋的在于，医学科学的生长并没有一个固定的样式，也不是一个抽象的概念，它需要和日常生活发生千丝万缕的关系，才会有无限的活力。1978 年年底李桓英调入热研所时，麻风病还是不治之症。麻风病对人类的摧残，不但给患者带来极大痛苦，还给社会带来莫大恐慌，人人唯恐避之不及，对麻风病人的偏见与歧视，不但在社会上普遍存在，甚至影响到医学行业的内部。甚至许多搞医学的人也对麻风病绕道而行。李桓英的同学荣永鑫教授就对她赞不绝口："李桓英很了不起，我们都很佩服她这种殉道精神，我们同学中没有搞麻风病的，搞麻风没钱赚的。"意思是搞麻风吃力不讨好，还惹人嫌。当时热研所也没有搞麻风病研究的专职人员。钟惠澜所长让李桓英搞麻风研究，为的是使热研所的学科门类齐全起来。同时也是因为这颗艰涩的果实当时没有人愿意啃。李桓英在麻风病防治领域获得巨大成就，她是一块疾病防治瑰宝，时至今日，李桓英仍旧坚守在麻风防治第一线。

在文化融合的时代，文化奇观在全世界都可以见得到。从1946年算起，李桓英在疾病防治的研究岗位上坚守了整整71年。不知吉尼斯是否有这项纪录，如果有，李桓英定能打破这项纪录，如果没有，李桓英必是这项纪录的创造者。

她的幼年在民国时期度过，日本侵略中国时，李桓英正读高一。从上海逃难到大后方，辗转西南三省，一家人颠沛流离，饱尝战乱之苦。在长江之滨的名镇李庄点油灯的条件下学习。从同济大学医学院毕业，后到美国名校深造。赶上改革开放的大好时机，防治疾病靠的是综合国力。她访问过许多发展中国家，那些地方的同行们对我国的医疗和基层卫生工作条件羡慕不已。联合化疗是20世纪80年代初首先在印度临床实践的，但是在发展中国家实行不了，防治不够彻底。只有我国，有了三级医疗网，有各级党和政府的坚强领导，麻风病的防治工作才能推广起来。这就是中国特色社会主义制度的优势！因此，每次介绍我国的联合化疗推广经验和特别行动计划时，李桓英都要强调这是政府行为。这是外国同行们最羡慕而又无法学到的。"可以说，作为一个中国人，我从来没有像这样扬眉吐气！我没有理由不为祖国的强大繁荣而自豪！更没理由不为社会主义建设而努力！"

李桓英回忆刚到热研所时与钟惠澜所长的一段对话："你是从皮肤病研究所调来的，又在麻风村待过半年，就搞麻风病实验研究吧。"李桓英环顾热研所的设备及条件后对钟所长说："这个单位规模太小了，够不上研究所的条件。"钟所长就说："你别管我，你搞你的。"李桓英没有讨价还价当即答应："你容我一段时间，让我把麻风病方面的资料收集一下。"待把资料收集好后她就表示，要坚决搞麻风研究，并且要到麻风村去，钟所长很干脆地答应了她。一个即将消灭一个病种的宏伟事业，便在几句简单的对话中实现了人物与历史事件的对接；她成为默默埋在时光里的那颗星子了。

李桓英开始大量翻阅国内外有关麻风病防治的文献资料，进行复习总结。学习国际结核病／麻风病防治进展和既往工作经验。在查看外文期刊时，从国外最新的文献中得知国际麻风防治领域正在借助治疗结核病方面的成功经验，用联合化疗的方法防止病情复发。用 60 年代发明的新药利福平，结合其他有效药物联合化疗是抑制麻风复发的好疗法。李桓英说："将联合化疗的概念向我国的麻防队伍进行宣传。麻风病的病人多，没有特效药，麻风防治应从预防入手，但是麻风菌不能培养，没有疫苗，只能从发现病人、治疗病人方面着手。"所里一直在尽最大努力支持李桓英。李桓英接手麻风工作的大旗时，正值改革开放，国家对麻风防治很重视。李桓英选择了云南和广西做候选调研区，这两处都是搞试点的理想场所，最后选中云南。之后她被 WHO 选中参加热带病开发计划，并可以从另外款项拨款 7500 美元以访问学者身份到美国、英国、印度、马来西亚、缅甸、泰国访问 9 个月，学习和了解国际麻风病防治情况。此次出访，李桓英考察了美、英、印度的五个麻风病研究所，与此同时还访问了印度、马来西亚、泰国、缅甸的几处 MDT 现场，颇有收获。李桓英以雷厉风行的工作作风和高质量的工作效率，执着、勤奋并全身心地投入工作。调入皮研所后，1979 年就获得了世界卫生组织的资助，紧接着再到西南两省搞调研。

短短半年时间，在李桓英的带动下，新一轮麻风防治工作便紧锣密鼓地开展起来，李桓英的加入，使麻风防治工作有了重大拐点，她成为麻风战线新的学科带头人；当时老一辈的麻风工作者如马海德等都还健在，在宏观层面上起着领导作用，但麻风战线对麻风病发起的新一轮攻坚战却是由李桓英实际带起的，所需药品及国际合作项目也是她从国外争取来的，此时的她已经成为麻风界的灵魂人物。

人生的光芒只有在机遇中才能得到绽放，但光芒的亮度，即人的能量，却是在不懈的准备过程中一点一滴聚集起来的。一个科研工作者一生其实都在为某种机遇做准备，很多人准备了一生，却始终没有得到机遇，但机遇终归总是留给有准备的人。麻风防治队伍是国家卫生防控方面的一支专业队伍，从业人员甚多。许多人辛勤奉献一生却默默无名。翁小满、袁联潮、温艳、邢燕、刘健、尤元刚等许多人在李桓英的奋斗历程中始终相伴左右，一同见证奇迹的发生，袁联潮等还成为李桓英的得力助手。如果说李桓英是麻风防治战线上的一轮明月，广大普通麻防工作者便是闪烁的群星。留芳青史固自精彩，朴实无华易感人。

总结李桓英的成长过程，不难看出她的一生都在准备着。老科学家成长史就是如实记录老科学家经历的人和事，尤其是参与重大事件的相关人员。人的一生大都在平淡中度过，偶发事件总是稀有的。但在偶发事件中迸发出的火花又总是源于生活中的积累。因而老科学家的一生，光芒四射总是在瞬间，其余时间则是在平淡中度过的，和常人没有太大的区别。但这种平淡，却因老科学家在瞬间发出的耀眼光芒而显得伟大。

1979年7月，李桓英带着使命到云南省偏远的麻风村做实地考察，连续见到了几个年轻的麻风病姑娘和深受麻风病折磨的家庭，这给李桓英造成了巨大冲击，心就像是被一把钝了的锉刀残忍地割开，悲痛从伤口流出，散落一地。那滋味，好像全世界的苦胆都在自己肚子中翻腾，村民们绝望的眼神令她发誓：一定带着药来，带着最好的医生来，一定要把乡亲们的病治好。云南省景洪县嘎洒镇曼响村和小街乡曼卖村以"治疗病人，保护健康人"为科研课题，采用利福平、氨苯砜两种药物对麻风病患者进行治疗，用氨苯砜对患者家属进行预防性服药，试验观察3年，达到既治疗麻风病患者又保护健康人群的效果。

凡事都没有一帆风顺的，麻风防治战线也是人类社会有机的组成部分，不可避免地存在认识上的误区与观念上的冲突。在她到来之前，麻风防治问题上一贯只注重实验室研究，很少关注现场研究，而实验室研究往往与现实脱节，很难出成果。实验室研究长期不出成果，人们慢慢对实验室研究失去信心，从而导致人们对麻风防治工作的淡漠，最终影响到队伍的建设。介入麻防工作之后，李桓英很快就意识到问题所在，执意要搞现场研究，并积极推动各省建立多处现场研究场所。为后来实施短程联合化疗打下了良好的基础。

李桓英进入麻风战线打的第一场仗，就是确立必须要搞现场研究的正确方向，为毫无头绪的麻风防治工作理清了思路。各省的麻风防治机构迅速恢复起来，把地方的积极性逐渐调动起来。在这个世界上，有多少千差万别的人，就有多少千差万别的梦想。传授新理念新知识，就地治疗麻风患者联合用药及其家属预防治疗的防治效果，研究麻风病的早期诊断技术，及时发现潜在病人，达到早治早好，早预防早消灭麻风病……1979 年 10 月，北京友谊医院北京热带医学研究所与云南省就地治疗麻风病人工作在西双版纳景洪县（景洪公社曼响麻风寨、小街公社曼买麻风寨）正式开展。新一轮麻风攻坚战拉开序幕，取得了阶段性成果。勤奋投入工作，翻译外文资料是李桓英这一时期的另一项重要工作内容，她写了大量的调研报告。不到两年时间，李桓英从一名麻风战线的新兵成长为权威的麻风专家，她写的调研报告，在外人看来既枯燥又冗长，但有哪项成绩不是从枯燥中累积而成的呢？就像奥运冠军，头衔虽然光鲜，夺冠前无数次的机械重复动作，又何尝不是在极度枯燥中度过的？

麻风病病期长，潜伏期长，根据大量调研，李桓英认为麻风病的非隔离治疗现场研究是及早解除病人痛苦、消除麻风歧视的首要任务。为此，她毅然选择了麻风病的非隔离治疗的现场研究，同时把实验室搬到现场。为了攻克麻风病，李桓英倾注了全部精力。李桓英说："是改革开放，给了我以专家身份第一批出国考察的机会，使我回国后得以大展宏图。"睿智与成熟，公正与敏锐，以及娴熟的外语，不卑不亢而又幽默脱俗的性格，让她在国际舞台上大显身手，为中国的麻风防治事业谋求尽可能多的国际支持和援助，为国内的同行争取尽可能多的出国访问和深造的机会，为我国的麻风患者争取更多的特效药，同时也使国内的同行与国际同行接触更为频繁，关系更为紧密，并将国际最新科技成果及时传递回国内。

三十年来，李桓英始终与战斗在基层第一线的麻防工作者保持着密切的联系，始终为一线所想，为一线所谋。

她从国际社会争取到的援助也都直接送到麻防第一线。

1982 年 8 月，云南省西双版纳傣族自治州勐腊县皮防站成立了。当时皮防站刚成立，别说治疗病人，就连基本的流行情况和数据都不清楚。为了尽快打开工作局面，马金福和李光祥两位同志身背药箱在全县范围内进行流行病学调查，跋山涉水、走村串户，常常早上七点出发，晚上十点还在茂密的原始森林里中拔山摸路，日晒雨淋、蚊虫叮咬、饥饿难耐，有时还会遇上野兽的攻击……但这一切都没有动摇当代夸父们驱逐"灾难之星"的理想。仅仅三个月的时间，他们探访到的全是秃手秃脚、眼睛痴呆地每天都睁着睡觉都闭不上、老鼠咬了手脚都察觉不到、生产生活不能自理的晚期病人，令他们的心头涌起一股酸楚，强烈的责任心油然而生。一定要给他们光明和希望，决定治好这里的病人。李桓英得知后，立刻向世界卫生组织递交了一份关于中国麻风病情况的详细报告，世界卫生组织批准了在中国进行联合化疗方法的实验项目。1982 年底，李桓英收到了世界卫生组织援助的联合化疗药品。在我国实施的麻风短程联合化疗项目，可以说主要是凭借李桓英的个人影响力争取来的。争取到这个项目，功劳至伟，但她不讨巧也不傲慢。

在过去，只强调消灭疾病，今后应同时考虑消灭疾病和病人的福利。当一个患者被送往麻风村时，通常意味着他家庭的解体、妻子儿女受到歧视、失业……考虑到这些后果，患者不但不肯进麻风村，而且还躲藏起来成了传染源。李桓英说："我们面临的任务很艰巨，但只要我们坚持早发现早治疗，严格控制传染源，肯定会比过去取得更快的进展。中国人可能比其他国家的人更惧怕麻风病，要控制这种病，首先要在群众间，包括一些医务人员中，消除这种根深蒂固的偏见。"就这样，医生的责任心和对麻风病人的爱心，首次令消除麻风歧视的宣传见诸报端。如果要坚持给患者治疗，最后的办法便是让他们留在社会上，做原来的工作。既然历史上遗留下来对麻风病的偏见非短期内所能消除，在必要时，医务人员应该对正在接受治疗的病人的诊断及病情保守秘密，麻风病可防可治不可怕的科学观点，端正了人们对麻风病的传统偏见，打破了对麻风病公开宣传的禁区，开创了麻风病卫生宣教工作的新局面。人生至境，当我们仰望满天的繁星，回望留下的脚印，只要不退缩，生命的掌声终会为你响起。

二十世纪八十年代之前，我国治疗麻风病均采用终身服药的方法，国际上亦是如此。医学界认为一旦停药，麻风病就会复发。李桓英在掌握了大量的第一手资料后，果断决定采取 WHO 推荐的短程联合化疗方案，抢先其他国家，在国内率先开展两年期"短程联合化疗"，并选择云南省勐腊县的几个麻风寨做试点。这一断然的抉择，为中国麻风病人带来了希望的曙光。换个方式去爱生命，只要她健康快乐，足矣。因为热爱，总是让自己能与喜欢的工作不期而遇，然而，当时国内麻风界的绝大多数医生，包括许多老专家、老教授仍然坚持采用长期化疗方案，当时他们的一致观点是：一定要等到麻风病患者治疗到细菌查菌呈阴性时才能停止用药。李桓英的直接领导人，时任北京热带医学研究所所长的钟惠澜对李桓英的短程联合化疗方案就极不相信，他对刚调入热研所不久的她说："（两年短程联合化疗）不可能，你在胡想，你想入非非，你了解中国情况吗？"可以说当初钟老对李桓英的"固执己见"非常恼火。钟老的看法很有代表性，当时国内绝大多数麻风界同仁对李桓英的做法也持不同意见，就连国内麻防战线的最高统帅——时任卫生部顾问的马海德博士也持反对意见，且态度十分坚决。李桓英一向敬重马海德博士，因为马老在国内外均享有崇高的威望，但是这种敬重也没有改变她率真的性格。为工作或学术上的不同见解，她甚至会和马老争论得面红耳赤。一个人的学识，通过学习可以得到；一个人的成长，必须要通过磨炼。生命的浅处难能安放深意？

　　不能因外界的坚硬而让内心变冷，不能因俗世的枷锁而让灵魂哀鸣。要永远坚定地相信，爱心比放弃更有力量。短程化疗与用药至细菌阴转之争，虽说比不上天文物理学上的天心说与地心说之争，却也大同小异。无非就是观念的保守与创新之争。1981年参加仰光会议的李桓英得知，联合化疗可以在短期内有效杀灭麻风病菌。李桓英是实验室出身，最相信实验和数据，坚信短程联合化疗定能收到预期的效果，坚持要搞两年期的短程联合化疗，这符合中国国情，副作用少，是"好省多快"的方法，节省下来的药品能够治疗更多的病人，能令患者在短期内看到成效，值得在有限的范围内认真对待短程联合化疗。最后，奇迹发生了。

医者仁心

　　1983年元旦刚过，李桓英坐了三天的火车，带着从世界卫生组织争取来的免费新药到了西双版纳三面受老挝包围的勐腊县的勐腊乡回箐村、勐棒镇纳所村和勐仑镇曼南醒村等三个麻风寨，从现症病人中选出活动性多菌型麻风患者为治疗效果研究对象。最早介入的有时任云南省皮肤病防治研究所副所长黄文标，云南皮防所大夫张世保和勐腊县皮防站站长马金福等，大家都亲切地称呼马金福为"老马"，他是哈尼族人，时年 40 岁。去偏远的麻风村用了 5 天的时间，云南勐腊县勐仑镇的曼南醒村是一个曾经在中国地图上根本找不到的小山村，居民都是怕受歧视自发聚集的麻风病人和他们的家属。从勐腊县城乘小汽车要走六七个小时的公路，麻风村离勐仑镇也有七八里路，那些路只是牛、马踩出的只容一人行走的小道，有许多还要绕过深达 10 余米的山崖。由北京走一趟麻风寨，即便是年轻人也会累得几天爬不起床，但年过花甲的李桓英却硬是挺了下来。此次并不是第一次来曼南醒村。早在 1979 年，李桓英就在中国医学科学院皮肤病研究所郑逖生大夫、云南省皮肤病防治研究所刘广勤大夫和西双版纳州人民医院赵剑波院长的陪同下，对西双版纳州麻风病防治情况进行过为期一周的考察。李桓英此行，促成该州于 1982 年成立了州、县麻风病防治机构，当地的麻风防治工作得以顺利开展。西双版纳的三个县分布着大大小小十几个麻风寨。麻风病在勐腊县有漫长的流行历史，几乎遍布全县，发病较为猖獗，疫情严重，对麻风病的歧视与恐惧在人们头脑中根深蒂固。历代反动统治者视麻风病如魔鬼，用枪杀、活埋、火烧等残酷手段对待他们，以绝后患，许多病人为逃脱厄运，躲进深山野林，以野果为食、鸟兽为伴，过着非人非鬼的生活，直至离开人间。

新中国成立后，党和人民政府将麻风病人从山里接回来进行治疗，1958 年全县设立了勐仑、勐棒、勐腊、勐伴麻风寨。由于对麻风病缺乏有效的治疗，又没有正规医生治疗和管理，长期以来，人们对麻风病的恐惧和歧视心理一时无法消除，更不敢奢望有一天还能重新融入社会。59 岁的李桓英踏上美丽的孔雀之乡——西双版纳时，被清澈的澜沧江水、神秘的热带雨林、清幽的竹楼、傣家人美丽的服饰、一幅幅如诗如画的景色深深地吸引住了。置身于这青山绿水间，她感到说不尽的愉悦，但同时也伴随着隐隐的沉重和苦涩。澜沧江的一条支流叫罗梭河，上游叫勐醒河，中游叫南腊河，下游叫曼南醒，罗梭河穿过勐腊县，成为隔离麻风寨的天然屏障。要到勐腊县勐腊镇回箐村、勐棒镇纳所村和勐仑镇曼南醒麻风寨，只有滑铁索、走独木桥、乘独木舟三个方法。第一站是曼南醒麻风村，还没到村边，同行的医护

1989年参与MDT科研监测时乘独木舟过河检查病人

1983年过独木桥去勐腊县曼南醒村

李桓英乘滑索过江

人员便早早地装备起来，穿上严严实实的防护服。李桓英对此很是不满，责备他们怎么还没有看到病人，就先把自己包裹起来了。她知道人们对麻风病的恐惧由来已久，不是靠一两句说教就能够去除的。她决心用自己的行动打消人们的顾虑，树立起积极健康的医者形象。

到麻风寨考察的第一时刻，李桓英的行动便轰动了整个村寨，也深深地震撼了陪同的基层麻防工作者。她没有采取任何防护措施，领头进入麻风村，不仅赤手紧紧握住了麻风病患者的手，还给了村长一个结实的拥抱。没

151

过多久，整个麻风寨便沸腾起来："天哪，北京来的女摩雅（医生）不怕麻风病！"全村的人都围拢过来，此时的村民并不知道李桓英即将带给他们的是什么，但已经清晰地感觉到，北京有一位真心关爱他们的大摩雅——他们最亲的亲人来到了身边。医学治疗的宗旨不只是治疗疾病，更要助人心安。人类是麻风菌的主要宿主和传染源，未经治疗的麻风病人，他们的皮肤及黏膜损害处带有麻风菌，通过呼吸道和皮肤传染，但这并不意味着它就是一触即发的传染病。在与传染性麻风患者接触的同等条件下，只有极个别人发病，绝大多数人有自然免疫力，是不会患上麻风病的，新的医疗方案极有效，多菌型病人在接受治疗一周内，会基本消除传染性，早发现是预防传播和防止残疾的最好方法。然而，在场的村民、麻风病人乃至地方官员和基层医护人员却仍报以不信任的目光。李桓英也没在意。此后，随着李桓英往返多次探访麻风寨，随着马海德大夫等一大批专家学者也同李桓英一样不断地与麻风患者亲密接触，通过北京专家们的言传身教，基层人员对麻风病的恐惧心理才逐渐被彻底克服。

不入虎穴，焉得虎子。为了掌握第一手资料，李桓英决定把实验室"搬到"麻风村里。麻风寨是自发形成的，居民散落在山间沟壑里，全面开展治疗的工作相当繁重。住在寨子里的人们，没有户口，病人情况也不清楚。马金福和州政府为配合李桓英搞麻风防治，选择这里作为开展短程联合化疗的试点，首先要做的是筛选麻风病人，逐一登记、分型。这是李桓英第二次来到曼南醒村。在寨子边上，李桓英把省、州、县的麻防人员分成临床组、病理组、涂片组和体检组。虽然上次有过亲身垂范，但这次与上一次不是同一批人，且仅通过一次示范起到的作用并不大。时隔三年，基层麻防人员的恐惧观念依旧没有丝毫改变，李桓英不得不再次"数落"他们。

雅司病致残率比麻风病更高，雅司晚期症状有的甚至会鼻梁塌陷、大溃疡、缺腿、缺脚。关键是找到正确的防治方法，早治早好，歧视、恐惧是解决不了防治问题的。残疾患者应得到关爱，医生的行为举止会影响病人和周围的人。医务人员对疾病不害怕，对病人不歧视，是作为医生最起码的道德，这样才能赢得病人的信任和配合。在每个乡村巡诊时，李桓英从不穿隔离衣，有时都只穿着白大褂，不戴橡胶手套，还和病人在床边聊天，主动握手、拥抱，和病人像亲人一样相处，真正放松地交流。作为医务工作者，需要通过患者的信任和尊重获得更多的麻风病的资料。

李桓英给麻风病人寄去衣服

与群众一起跳舞

寨子里没有手术室，就地用帐篷搭起手术室，在简陋得不能再简陋的条件下悉心摸索。病理组、涂片组的工作人员逐个给病人做病理、涂片检查，严格按照李桓英的要求筛选试点病人。李桓英同哈尼族伙伴马金福等工作者一道，从最基本的工作做起：逐一给每座竹楼写门牌号码，挨家挨户将病人及其家属编码登记。编码之后，筛选适应症病人。李桓英特别注重资料的收集，她有一个德国照相机，清晰度较高，每一个病人的皮损她都要照下来，为的是用药后对比疗效。一旦在工作上让她抓住"把柄"，哪怕是一个很不起眼的小失误，她也要不留情面地狠批。有时还要反复说上若干次，"上纲上线"。李桓英在麻风村一住就是一个多月，完成了预期的计划。

曼南醒村村长叫刀建新，傣族的骄子，毕业于昆明民族学院，说得一口流利的普通话，曾任勐腊县县委副书记，在建国初期的西双版纳可谓大名鼎鼎。但在 1965 年的一天，他却神秘地离开政坛，从县委大院消失了——原来他患上了麻风病。他是在昆明开会期间，被诊断得了麻风病，后来在昆明市金马疗养院治疗。通过治疗，病情基本好转，遂出院回到勐腊继续工作。但因没有继续治疗，麻风病又复发，病情加重，被人另眼看待。"要是能治好，水牛角也能扳直"的麻风病,在人们眼中比死神还可怕,比魔鬼还狰狞,刀建新别无选择,为了不让可怕的疾病传染给其他人,他被迫离开工作岗位,并与妻子离婚。离婚前,他倾尽积蓄为妻子儿女建了一座竹楼,独自一人到了偏僻荒凉的麻风寨——曼南醒村。这是一个由麻风病人及其家属过河垦荒,在原始森林中开辟的村寨。村民对外实行自我隔离,自我封闭。离开工作岗位之前,刀建新没忘交纳党费。他心里清楚这很可能是自己最后一次交纳党费了,但却发现,自己无比虔诚地伸出去的手却始终没有人接,党费没人敢拿。他猛然醒悟了:自己现在已是"魔鬼"附体的人了,同事们虽然非常同情自己却不能不防范。

搬到这里后,因为有较高程度的文化,刀建新在群众中有一定的威信,慢慢群众自发地选他当村长。当时麻风寨有一个赤脚医生,在河对面单独住,给麻风病人发一点氨苯砜(DDS),但是,刀建新的病仍然得不到控制,逐渐出现畸残了。久病成良医,刀建新摸索着用当地的草药治病,慢慢也成了医生,他用自己知道的民间草药对麻风病人或其他常见病进行治疗。他也曾经试过蒸煮、内服、外贴等各种方法医治麻风病,然而实验做了十多年却一次也没有成功,眼睁睁地看着自己的手指、脚趾一点一点烂掉，残疾越来越重，他的心如死灰，陷入深深的绝望。咪香是刀建新现在的妻子，是从另外一个乡镇的龙谷村搬来的。问她何时搬来的，她也记不清，大概有 20 多年了。咪香说："脸上、身上、手上长出来很多结节、红斑，面部像蚂蚁爬的感觉，很害怕。以前我在龙谷，他们说我得了麻风病，经常白天黑夜都在想，怎么办？人家说麻风病是治不好的。朋友、亲人也不要我了，丈夫也要跟我离婚，后来他们就把我一个人送到这里（曼南醒麻风寨）来，他们回去以后，再也没有来看过我一眼。为了生活住在自然村里，也没有办任何手续，就与刀建新结了婚，他也是手脚不好的畸残病人，慢慢我们俩就生了儿子岩糯。"不知为何，此刻我想起丰子恺说过的话：你若爱，生活哪里都可爱；你若恨，生活哪里都可恨；你若感恩，处处可感恩；你若成长，事事可成长。不是世界选择了你，是你选择了这个世界。既然无处可躲，不如傻乐；既然无处可逃，不如喜悦。

刀建新的悲惨经历深深地刺痛了李桓英，也更加坚定了她投身麻风事业的斗志。早在 1979 年初次到访曼南醒村的那一天，李桓英便与刀建新和其家人相识了，结下了深厚的友谊。李桓英 1979 年到曼南醒村第一个拥抱的

157

人，就是刀建新。但刀建新对治愈麻风病表现出极度的不信任，不信她那一套。一直以来的隔离，在病人内心筑起了高高的心理防线，怎样才能突破患者的心理防线，让患者接受新的治疗方案，李桓英觉得还是要靠耐心细致的劝导工作。

麻风寨离李桓英一行的驻地勐腊植物园有十公里，为了节约时间，决定中午就在村长家做客，她直接走进村长刀建新的家，没有急于说明自己带来的新的治疗方法，而是拿起碗来一起吃饭，还喝了酒，并夸道："苞谷饭很好吃，在北京难得吃到的。我要多吃点儿。"说着，她又盛了一碗。李桓英的举动让大家无比惊讶，因为在麻风病人家里吃饭，在当时是一件不可思议的事情。

村里的病人原来连握手都不敢，生怕把麻风病传染给李桓英，看到她不仅不怕传染，还不嫌弃，就没有了隔阂，但对能够治好麻风病还是将信将疑。经过李桓英耐心细致的工作，村民们的态度逐渐转变了。从北京来的一个专家教授，不顾个人安危，给每个病人检查溃疡，和病人拥抱，不怕苦不怕累，大家就越来越相信她能够治好麻风病，慢慢地大家就都接受治疗了，尤其是刀建新，由强烈排斥到主动协助，帮李桓英做村民的思想工作，在劝说村民服药方面起了很大作用，还让儿子岩糯给李桓英当翻译，做帮手。病好之后，刀建新更是把李桓英教授奉若神明，直到去逝。

靡不有初，鲜克有终

经过近一个月的检查确诊，1983 年初，李桓英设计的短程联合化疗现场实验正式开始，不过让患者按时按剂量服药的难度出乎意料的大。病人居住分散，她便和基层的麻风病工作者一起到病人家中，劝说他们服药。李桓英挨家挨户，亲手把药物送到每一个试点病人手中，看着他们服下。有的病人自暴自弃，她就边做工作，边亲自倒水，看着他们服药后再离开。为了更好地诊治病人，她吃、住都在麻风村里，亲自给病人打针、喂药，帮助失去劳动能力的人料理生活，有些人卧床不起、大便干燥，她就亲自给病人挖大便。病人感动地说："从来没有见过这样好的大夫，比我爹娘还要亲。"

"靡不有初，鲜克有终"就是以诗意的语言在向人们诉说：在生活中修行，在修行中生活。既要体会又要实践，她同各个村寨的麻风病患者建立了深厚的感情。病人有什

触摸麻风病人的鞋
看是否有沙子

么事，包括为儿子找女朋友等，都愿意找她。正当李桓英
为联合化疗方法得以顺利实施而感到高兴时，却发现一些
村民开始拒绝服药，还有人把免费送去的药物扔到水里。
药物的副作用差点毁了李桓英的努力。"脸怎么变成这样
了？尿尿怎么会发红？"新药刚吃上二十几天，有些病人的
脸色就开始发红，再过几周发紫，从而引起村民们的恐慌。
面对病人的质疑和被丢弃的药物，李桓英又开始挨家挨户

做病人的工作，她耐心讲解道："这只是药物色素沉淀，是多种药物混合服用后的正常反应，会消失的。"她挨家挨户走访，拉着每个病人的手，一遍一遍重复，开导并鼓励病人坚持服药。为了随时检查每个病人的情况，她干脆就在麻风村住下来。李桓英的真诚和耐心又一次打动了村民，他们再次按要求正常服药。三个月后，病人的色素沉淀明显好转，症状开始消失，恐惧心理彻底打消。

服药三个月后，病人普遍感到新药效果好："这药好，我原来有病很难受，现在很轻松了，好像那麻风虫跑了似的。"李桓英除了让病人按时按规则服药，还告诉他们怎么样预防畸残。麻风菌侵害了病人的末梢神经，使他们的手脚失去了感觉，被烧、被烫甚至被老鼠咬了都不知晓，许多病人就是在这种意外伤害中落下了终身残疾。为了使现场工作人员详细掌握治疗方案及原则，李桓英有时还用幻灯片亲自给参加项目试点的省、州、县级麻风防治工作人员仔细授课。她讲得通俗易懂：早期发现、早期治疗麻风病，开始MDT后一年复查，可以防止周围神经永久性麻痹，从而防止发生永久性残疾和畸形。麻风病需要与多种疾病相鉴别，如白癜风、花斑癣等常见皮肤病；多发性神经炎、面部神经麻痹等神经系统疾病及类风湿病等其他系统疾病。所以早期正确诊断麻风病非常重要。李光祥说:"听了李教授的课,基层的麻防科医生基本掌握了短程联合化疗的方法。"这个寨子里,因把皮肤病当作麻风病被赶到这里的有好几家,通过检查,没有麻风病人的家庭,皮肤病治愈后,又先后搬回其他自然村。当试点病人都服用了短程联合化疗药物,当地工作人员也掌握了联合化疗知识并确定了后续任务后,李桓英又奔赴山东省寻找适应病人。李桓英虽然换了工作地点,但是她给当地留下了一支技术过硬、思想领先的麻防科研队伍。慢慢地,麻风寨的村民都称呼李桓英为妈妈。面对挚爱与虔敬,"做到"是神一样的回答。

齐美尔说:"信任是社会中最重要的综合力量。没有人们相互间享有的普遍信任,社会本身将瓦解。现代生活远比通常了解的更大程度上建立在对他人诚实的信任之上。"1984年5月,在对全体村民进行复查的过程中,李桓英发现刀建新年仅5岁的儿子岩糯臀部有一块未定类麻风,有指甲盖那么大,扎它也没有感觉,这正是早期麻风病的特点。于是,岩糯成了李桓英所提倡的早发现早治疗的最大受益者,由于发现及时治疗及时,没有几个月,他体内的麻风杆菌就被彻底杀死,没有像他的父亲一样落下残疾。27 个月后，当李桓英再一次来到麻风村时，受到了村民们空前热烈的欢迎。她和基层麻防人员一起为村民进行了复查，所有服药的病人全部治愈，且无一人复发。试验获得了成功，整个山村都沸腾了。村里的男女老少纷纷跑到李桓英面前，用鲜花串成花环，亲手献给他们心目中的大"摩雅"。病治好了，李桓英又建议政府给予村民扶持待遇，开展生产自救。以前麻风寨都是用草排盖的房子，现在已经没有这种房子。2010 年，土地按人口分，每人平均有 20 多亩，各家各户种植橡胶，年收入 2~3 万元，胶价好的时候收入就高，这里的人都已不受歧视，与外面的都一样了。麻风村的姑娘，外村的都抢。"也有来我们麻风村上户，当上门女婿的，非常荣耀。"曼南醒村的村民通过贷款种起了橡胶树，现已成林，盖了瓦房，雨季再也不漏水了，生活渐渐富裕起来。当地政府在这里建起了新学校，附近其他村寨的孩子也来一起读书，原来受歧视的麻风寨孩子们有了新伙伴，昔日的麻风寨人终于过上了幸福的日子。一醉一歌一岁春，年年今日惜缘人。

1983 年初，李桓英分别在云南西双版纳傣族自治州勐腊县的三个科研试点地区采用世界卫生组织推荐的短程联合化疗方案进行科研试点，疗效显著。实践表明，

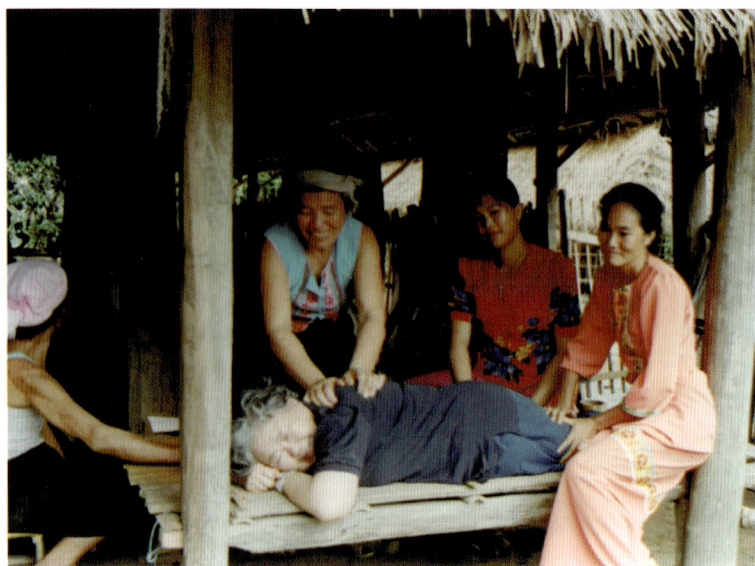

麻风寨的妇女们给劳累一天的李桓英按摩

按世界卫生组织推荐的联合化疗方案治疗麻风病确有疗效，疗程短、副作用小、复发率低，有效率达 100%。李桓英向世界卫生组织申请资金，把试点扩大到云、贵、川等地，在现有不知利福平耐药的情况下，应同时上第三种抗麻风药物，开展短程联合化疗。申请的药品、显微镜、交通工具等设备共百余万美元，各项援助及时到位。

一个敢于拼搏、善于拼搏的人，是不会给自己留有遗憾的，李桓英选的扩展点是麻风病流行的重灾区。云、贵、川三省的麻风病人按当时全国各省发现新麻风病人数约占全国60%，扩大试点项目又是给自己出难题。1986年，李桓英陪同世界卫生组织亚太区顾问噶尔维斯先后到四川省凉山州和贵州毕节地区黔西县调研，考查后认为李桓英选择在云贵川开始试点非常可行并表示钦佩。所选试点县特点非常一致：麻风患病者95%以上是农民，大多分散居住在交通不便、经济欠发达的农村山区，并且少数民族人口众多，民风、民俗、语言各异；麻风的社会歧视依然严重，患病者被抛弃、遗弃等迫害现象时有发生；病人讳疾忌医，逃避治疗或不承认患麻风病的亦大有人在；麻防单位实验室设备、交通工具等匮乏，人员相对不足，这给防治工作带来了很大的困难，防治成本也大大增加。1988年底热研所给她派了一个助手，这之前李桓英一直是独立支撑。

在李桓英办公室的一扇门上，贴着一张云、贵、川地图。上面插了许多三角旗，那是她的足迹。虽然足迹遍布全国多个省，但李桓英明白，靠自己一个人的力量无法消灭麻风病。她的技术路线：依靠各级党和政府力量；依靠省州县骨干力量，培训基层业务人员，提高他们的防治科研水平；与病人心贴心，让他们相信科学，紧密配合治疗。在开展联合化疗工作中，李桓英亲身体验了基层麻防人员没有交通工具的辛苦。1986年，李桓英将世界卫生组织赠送的15部汽车全部分送到云南、贵州、四川三省的基层麻防单位，自己没有留下一辆。李桓英常说："医生不能怕，战士都知道子弹厉害，上了战场不照样往前冲，麻风没有子弹厉害啊。"

李桓英总说："不要什么华丽的辞藻，不要什么动听的语言，用一颗真诚善良的心去对待你身边的人和事，你会发现，这个世界是那么样的美好，当你面对夕阳那抹红晕时，只要问心无愧就好。"她在云、贵、川开展短程联合化疗扩大试验中，多次遇险，但她都淡然处之。

1987年夏天，正值雨季，李教授从云南文山返回昆明途中，因山陡路滑，不幸汽车翻滚到了路边的玉米地里，造成她右锁骨骨折。她仅在医院住了两周，就缠着绷带，拒绝护送，一个人返回北京。1989年1月，李桓英只身赴西昌联合化疗（MDT）工作资料年终会审。在从西昌回到成都的途中，因雪天路滑，汽车在行到凉山篱笆山的时候，一下子滑到50米以下的山底。卫生厅知道情况以后马上派车过来将她送到省医院进行治疗，李桓英左手骨折，左锁骨和三根肋骨骨折，头部外伤缝了7针。伤未痊愈，她就着急出院，独自"飞"回北京。1988年底刚刚调到北京热研所的助手翁小满和所长到首都机场接她时，吃惊地看到李桓英头上缠着厚厚的绷带，一只胳膊吊在胸前，半穿半披着那件满是风尘的羽绒服，一个人站在那里，一副满不在乎的样子。随身带回来的是从现场采集的200多份血标本。李桓英住在友谊医院，身边没有亲人，助手翁小满打算来陪护，李桓英却一口回绝："我好好地，腿未断，生活可以自理，不需要任何照顾，但是

1988年1月30日赴麻风寨的路上

血液标本放在冰箱，需要你去实验室完成实验。"这已是第二次出车祸了，上次是右侧锁骨骨折，这次是左边锁骨骨折。个人的安危、个人利益她从来都没有想过。1989年3月，李桓英吊在胸前的绷带还没有取下，就赶去参加WHO麻风病血清学诊断会议，会上的建议得到了卫生部的赞同和认可。

在已知的道路上寻找未知，把不可能变成可能，把艰辛和苦难藏在心底，笑对一切无常和有常，简单的日子也能酝酿出力量，就是李桓英一生的写照。当出车祸的消息传到麻风村寨后，人们都痛哭流涕，吃不好、睡不着，因无法出去探望，便天天祈祷神灵保佑。病人把李桓英教授视为亲人，她的每一次到来就是山寨的节日，乡亲们会在村头久久期盼，为李教授放鞭炮。云南原省委副书记、省地方病防治领导小组组长高治国，曾在一次党内组织生活会上给予她高度评价，称她是"党外的布尔什维克"，并号召党员向她学习。

在中国首次组团出席国际麻风会议时，李桓英把中国的麻风防治工作成绩打向了世界。1983年，李桓英参加了卫生部在青岛召开的报送第12届国际麻风会议的论文评审会上，根据国际会议的要求，提出对新中国成立后山东省麻风防治情况进行流行病学统计分析。对此，她每天晚上几乎都工作到 11 点，最终，新中国成立后的《山东省控制麻风病的成就》完稿提交了。1984 年，我国首次派出以马海德顾问为团长的代表团，参加在印度新德里召开的第 12 届国际麻风会议，提交九篇论文，其中有六篇在大会上宣读，产生了极好的影响，我国三十多年麻风防治所取得的成就开始为世界麻风界所瞩目。《山东省麻风病 28 年的防治工作和流行情况的分析》，说明在党和政府的领导下，人民生活条件改善的情况下，麻风病是可以消除的，这一汇报引起全场热烈反响。中国向世界敞开了大门，中国的麻风防治情况也面向世界同仁进行展示，大大促进了我国麻风防治工作的国际交流。诗人穆旦说："我的全部努力，不过完成了普通生活。"

1983 年，李桓英作为 WHO 专家到瑞士日内瓦参加"麻风流行病学与防治会议"，纠正了 WHO 将新中国成立前中国流行区麻风病患病率推算到全中国，尤其是北方大面积非流行区的做法。1984 年，在第 12 届国际麻风会议后，卫生部又组织麻风控制考察组，由李桓英担任团长到尼泊尔、印度、泰国考察，"百闻不如一见"，学习防治研究工作的先进经验，开了眼界开了思路。1988 年，应日本笹

169

川纪念保健基金会的邀请，李桓英参加了在新加坡召开的麻风病联合化疗协调会，我方介绍了当前中国麻风联合化疗的进展和存在的问题，同时也介绍了各国基金会资助中国开展 MDT 的情况和今后规划设想。日方表示，中国麻风防治有规划、有目标、有领导、有措施，进展之快是出乎意料的。双方还就有关麻风合作问题达成协议。1989年，非隔离短程联合化疗试点在云南全省推广，达到了国家规定的基本消灭麻风病的目标。时年 68 岁的李桓英步入中国人民政治协商会议全国委员会的大堂，行使神圣的全国委员职责。

重生的曼南醒

1990 年的第一个泼水节，对勐腊县 13 个民族的 17 万人民，特别是对 4 个麻风寨的病人和亲属来说是终生难忘的日子，也是李桓英一生中最难忘的日子，这是西双版纳傣族自治州勐腊县曼南醒村村民梦想成真的一天。

这一天，副县长黄忠兴同志在勐仑镇曼南醒麻风寨摘帽会上，代表县政府郑重宣布：这四个村头上长达三十多年的麻风寨帽子正式摘掉了，西双版纳地图上除去了"麻

1990年4月16日穿傣族服装与治愈者散步

风寨"三个字，作为行政村被正式划入勐仑镇。这一天，
南显村更名为"曼南醒"，傣语意为"河边的新村"，村民
们开始享受一切正常人的权利。过去在麻风寨所看到的是
一个个痛苦不堪的人，如今是健康幸福的人。李桓英参
加了勐腊县小勐仑麻风寨摘帽大会，与麻风病治愈者共同
过泼水节。"北京的'摩雅'李来啦！""北京来的大'摩雅'，
您辛苦了"，傣族人民围住李桓英，把她拥到茅草屋里，
为她穿上村民亲手缝制的美丽的傣家裙，村民们专门绣上

了傣族的纪念文字。李桓英给每一位治愈者发了治愈证，摘掉了压在头上的麻风帽子。刀建新代表康复的麻风病人激动地说："麻风病把我们从人变成鬼，'摩雅'李把我们由鬼变成人。"还把绣着"防治麻风，为民造福"的锦旗送给李桓英，表达成千上万麻风患者的心声，李桓英激动地说："基层的防治工作主要在西南山区，那是她的第二故乡。我做防病治病，他们做支持信任，他们是我的寄托依靠。病人是把健康的希望寄托于我，我们早已不是医患关系，而是同一条战壕里的战友。我去西双版纳勐腊县的曼南醒，道路泥泞，他们早早就去垫路，搭彩楼、放鞭炮，撑独木舟载我过河，专门从树上摘下最珍贵的酸角果，烤从河中抓来的小鱼，我吃了，他们才满意地笑了。昔日麻风寨的人们真正过上了正常人的生活，我为你们高兴，也为从事麻风防治工作的人感到自豪，用努力和奋斗换来了麻风病人的新生，爱国有道，行为有范，艳阳与阴雨，平坦与坎坷，这都是对我们工作的最高奖赏。"

李桓英说："我们由贫困奔向小康，是经历科技进步最快、社会变化最大、生活方式变化最显著的一代人。我们曾面朝黄土、背靠皇天，受过劳苦、挨过饥饿，经过彷徨、有过失望，做过美梦、有过理想。从当年骑自行车出门的美感，到如今驾驶汽车，乘坐飞机出行的平常，从漂洋过海的环球旅行，到旷世缥缈的网游。跨越几千年，生活品质超过了无数代。我们没有理由不成功。"

"短程联合化疗"经过十年监测，复发率仅为 0.03%，远远低于世界卫生组织规定的 1%的标准，这种治疗方法既经济又卓有成效，卫生部在全国进行了推广，全国麻风病人的数量迅速下降。而我国麻风病现场短程联合化疗的经验，已经成为发展中国家实现和基本消灭麻风病的范例，世界卫生组织多次派专员考察，一致看好。世界卫生组织官员诺丁博士紧紧握着李桓英教授的手说："全世界麻风病防治现场工作，你是做得最好的。"

麻防工作新挑战

在取得攻克麻风病的决定性胜利和阶段性成果之后，新的任务又摆在李桓英眼前。麻风病人的眼病防治，是麻风的治疗问题解决后，李桓英最为牵挂的新研究课题。1989 年，参与美国飞行眼科医院工作的流行病学专家来到北京，了解我国麻风病人眼病残疾防治问题，并主动提出在我国开展麻风眼疾预防培训工作。李桓英最终促使了

"中国麻风眼疾预防项目"的启动，成为 1990 年中国麻风协会与美国眼科医院的合作项目。全国麻风康复工作阶段计划将麻风眼疾的防护列为我国麻风康复工作的重要内容，并把争取国外资助作为实施计划解决经费问题的渠道之一，通过这个"项目"争取外资，邀请外国专家来我国讲学、培训防治人员，这对我国的眼麻风预防工作有很大的帮助。经征求李桓英、叶干运、郑逖生、胡鹭芳等有关专家的意见，项目方案先在四川凉山进行试点。

眼部并发症是中国麻风病人致残的主要原因之一，根据已发表的治愈留院麻风患者眼科调查材料，90% 的受检者有不同程度的眼并发病。约有 25 万麻风患者失明，另有十几万人视力明显减退。这一视觉残疾通常伴有其他畸形，特别是四肢的感觉缺损及畸形。如能早期发现并给予适当处理，可以大大减少失明的发生率。目前，中国为麻风患者提供眼防护服务只限于中国麻风中心，而该单位收治的都是已治愈的住院病人，其他地区还没有为麻风病人提供眼病服务。

1990 年，为推动我国麻风眼病的防治，加拿大奥比斯国际眼科飞机医院资助经费两万美元，在四川省西昌市举办了麻风眼病防治培训班，来自四川凉山州的麻风工作者参加培训，开创了一般医院较大规模地参加防治麻风眼病的先例。李桓英全程参与了对基层麻风防治人员授课和临床指导的翻译工作。1992 年，云南省皮肤病防治研究所受卫生部防疫司慢病处和中国麻风防治协会的委托，在砚山县新民麻风康复医院举办了奥比斯麻风眼病防治工作研讨会，李桓英教授担任口头翻译。1990 年，北京市归国华侨联合会为李桓英颁发了"回国参加社会主义建设三十年"荣誉证书。

1990 年，美国麻风研究中心贾克布森教授到云南省 WHO 援助地区进行考察，对云南的麻防工作和联合化疗现场实施及效果表示满意，他在会上说："由于中国各级政府的支持，你们在 1983 年首先采用 WHO 提出的短程联合化疗方案进行现场治疗观察，在环境十分艰苦的条件下，保证规则治疗，取得了停药观察五年无复发的宝贵经验，走在世界前头，不仅对中国基本消灭麻风病的目标有利，对世界各国麻风防治也是有益的，希望你们做更长时间的监测，必将获得更为有益的经验。你们利用三级防治网，采取多种形式，努力发现病人，及时给予规则治疗,这是切断传染源、减少畸残的有益措施。"最后他表示，愿意向世界卫生组织争取，继续与中国合作，共同为中国和世界的麻风防治工作多做贡献。

1991 年，李桓英到泰国曼谷出席了"笹川保健协力财团第二次麻风联合化疗协调会"，在会上，李桓英做了我国麻风防治报告，其中包括 47 例短程 MDT 与 MDT 治疗至细菌阴转、细菌指数下降对比图，证明短程 MDT 疗效与治疗至细菌阴转效果一致。

老骥伏枥，志在千里

1991 年中共北京市委、北京市人民政府授予李桓英"北京市有突出贡献的专家"称号。用分子生物学方法解决麻风病早期发现的瓶颈问题，被世界麻风学界称为"最后一场攻坚战"。2001 年，李桓英获得了国家科技进步一等奖，她说："我国的麻风病防治工作，地区之间还存在着很大的差别，在云贵川等边远和贫困地区，麻风病还没有达到基本消灭的目标，每年还有不少的新病人被发现。同时，麻风病的疫苗至今还是空白，麻风病的传播方式，自然疫源也不清楚，从基因水平揭示麻风病的发病机理尚未涉及。21 世纪是分子生物学的世纪，有必要用新的科学实验方法研究麻风病……"一提起这些，李桓英的热情丝毫不减当年，"我是学细菌学的，分子生物学，我还要从头学起"。

　　为了早日实现彻底消灭麻风病的理想，耄耋之年的李桓英教授仍然奋斗在麻风病防治研究一线。她瞄准麻风研究的瓶颈问题——用分子生物学方法解决麻风病的早期发现、早期诊断、监测复发。早发现、早治疗是麻风防治的重要策略，过度诊断会给患者带来巨大的精神压力，误诊和漏诊不仅会使传染源持续存在，而且会延长病期，增加患者发生周围神经损害导致畸残的危险性。尽管21世纪以来，麻风病的血清学试验和生物学分子诊断方面有了一些进展，但早期麻风病诊断尚无金标准，基层麻风防治工作者仍然主要依靠临床麻木性皮损、周围神经粗大损害和皮肤查菌三大主征确诊麻风病人。皮肤感觉检查有很强的主观性，早期瘤型麻风和面部皮损感觉障碍往往不明显，部分病人也可能没有周围神经粗大。皮肤组织液涂片抗酸菌检查需要质控，但综合医疗机构通常缺乏麻风抗酸菌检查必需的试剂和技术。这些问题限制了这三大主征在麻风早期诊断中的应用价值。此外，部分病人还会因为社会歧视或缺乏对麻风病的认知等原因而延迟就医。

2002 年李桓英带领麻风病防治课题组、北京热带医学研究所麻风病研究室的全体人员：翁小满、温艳、袁联潮、尤元刚、刘健、刑燕等开展了"麻风分子流行病学研究"，旨在通过对麻风病分子生物学水平的研究，在麻风病传播方式、发病机理、检测方法等方面取得突破，进一步提高云、贵、川等边远和贫困地区的麻风病防治水平，实现基本消灭乃至彻底消灭麻风病的目标。世界麻风同仁认识到：在 MDT 开展 20 年来，为何麻风传播未得到控制？关键是麻风流行病学的深层问题——传染源、传播途径与方式尚不清楚。病原体基因分型是研究传染源与传播链的工具，建立中国的麻风菌基因库，通过基因分型研究麻风菌传染源和传播链是李桓英开展麻风分子生物学研究的第一步。与之前一系列科研项目的技术路线一样，李桓英依然是"上蹿下跳"，上蹿——广泛开展国际合作；下跳——是一竿子插到底在基层选择试点单位。

　　2002 年，李桓英课题组应邀参加欧盟发起的、由国际知名专家组成的研究麻风病尚未解决问题的学术团体，并分别与美国麻风协会、美国科罗拉多大学、美国国立卫生研究院、美国 Heiser 基金会、英国剑桥大学等建立了合作关系。

2004 年，李桓英帮助贵州向美国麻风协会申请了"贵州省黔西南州兴义市和普安县麻风病后复发监测"项目。通过在贵州省黔西南州两县开展联合化疗后复发的调查，证实了联合化疗对麻风病治疗的确切效果，为进一步完善联合化疗方案提供了准确的依据，经国家科技部和美国 NIH 批准，李桓英课题组与美国科罗拉多州立大学建立了长期科研合作关系。合作项目《麻风病联合化疗后麻风病菌的耐药和基因分型的研究》很快取得初步成果，所撰写的论文《我国麻风病高发区麻风菌基因型鉴定和分布》发表在美国临床微生物杂志上。

　　2005 年，李桓英邀请并接待美国科罗拉多大学的教授，探讨进一步合作开展麻风分子生物学研究项目。李桓英课题组选择云南省丘北县开展了麻风菌基因分型与传染源、传播链研究。丘北县是云南麻风高流行县，研究从138 例患者皮损组织中提取 DNA 的麻风菌基因分型，在患者与家内接触者鼻分泌物中进行麻风菌检测与分型，并对近五年内连续有新患者的村庄进行水、土壤中的麻风菌检测，以发现基因型特征与流行病学的关联。为了推动"麻风分子流行病学研究"，尽管膝关节髌骨软化手术后时常还需要拐杖，李桓英还是坚持和课题组成员一道完成。

中国幅员辽阔，要建立全国的麻风菌基因库，需要调动全国麻风防治工作人员的力量，这一工作的艰难程度丝毫不亚于当年。中国麻风防治协会发挥团体会员单位和会员的优势，大力支持李桓英课题组开展的科研项目。

在全国麻风防治单位及麻防工作人员的支持下，李桓英课题组从征集到的标本中开展了中国麻风菌株 VNTR 的研究，经过几年的努力，李桓英所带来的课题组在中国麻风菌基因库的建立、麻风病传播链的研究以及麻风病高发区预防措施的研究等方面都取得了新的成果。

21 世纪以来，云南省的发现人数占我国年总发现数的四分之一。红河哈尼族彝族自治州地势山峦起伏，村落分散，对发现工作极为不利。为了促进麻风病的早发现，2009 年，89 岁高龄的李桓英又两次亲自率队赴云南，行程 2000 多公里，深入红河州开远市、蒙自县现场，与麻防人员一起，挨家挨户说服村民进行体检和采血，开展麻风病早期血清学诊断研究，并到红河州元阳县和文山州丘北县麻风工作现场访问。

为贯彻落实全国《麻风病防治项目管理方案》，加强北京市麻风病防治与疫情监测工作，自 2008 年起，李桓英承担了"北京市麻风病防治项目"的执行工作，从病人

1998年3月29日—4月18日在文山州五县七乡开展麻风特别行动计划

诊疗、疫情监测、健康教育、人员等开展全面麻风防治工作。开设有麻风病专科门诊，负责北京地区麻风患者诊治、监测和接触者调查工作，解决北京地区麻风患者诊治工作及基层疑难病人的诊疗问题；负责对北京地区基层和专科医务人员的专业培训；并采用科普教育形式对各类人群进行麻风病健康教育。这些工作得到了卫生部及中国疾病预防控制中心麻风病控制中心领导的充分肯定。中国麻协"关于建议取消奥运会期间不准麻风病人入境规定的报告"，报国家质量监督检验检疫总局，阐明第29届奥林匹克运动会在北京召开，世人瞩目！麻风病人也同样有社会参与权，应该尊重他们的权利与尊严，体现我国政府对国内外麻风病人的关怀以及我国法律法规的严谨性、科学性。建议：为充分体现"绿色奥运、科技奥运、人文奥运"的精神，对麻风病人的禁令应该取消。李桓英作为麻风病专家参加了在北京北奥大厦召开的研究《奥运期间外国人入境出境及在中国停留期间法律指南》有关事宜的协调会，从技术层面阐明了观点："法律指南"制定的依据，是1989年3月6日卫生部发布的《中华人民共和国国境卫生检疫法实施细则》，其中第99条规定："阻止所发现的患有艾滋病、性病、麻风病、精神病、开放性肺结核病的外国人入境。"但"法律指南"中取消了对艾滋病的禁令。为充分体现"人文奥运、科技奥运、绿色奥运"的精神，对麻风病人的禁令亦应取消。最后，国家质检总局决定，自7月20日起，允许境外麻风患者和他们的家属入境。

2011年，李桓英应邀参加了在北京大学英杰交流中心与日本财团、北京大学及中国人权研究会联合举办的，消除对麻风病患者及康复者的歧视和偏见的"全球倡议书2011启动仪式"。这是一个历史性的时刻，麻风病患者从北京向全世界发出呼吁。日本财团会长笹川阳平先生，北京大学校务委员会主任闵维方教授，中国人权研究会副会长、中央社会主义学院第一副院长叶小文教授，中国卫生部疾病预防控制局副局长郝阳博士到会并先后致辞。世界卫生组织消除麻风病亲善大使、日本政府麻风病患者及康复者人权保护大使、日本财团会长笹川阳平先生与伦敦大学、日本顺天堂大学、北京大学、内蒙古大学校长陈国庆教授等签约大学代表共同宣读了 2011 全球倡议书。倡议书称："麻风病是可以治愈的疾病，但对麻风病的歧视依然存在。这种歧视可以通过教育和提高认识予以消除。通过教育，麻风病患者及康复者将会被赋予力量，冲破外界强加在他们发展道路上的社会和经济壁垒。我们呼吁消除对麻风病患者、康复者及其亲属的歧视。我们捍卫麻风病患者及康复者的尊严，他们应该和所有其他社会成员一样，享有平等机会，行使应有权利。"

2008 年 12 月底，北京友谊医院举办了"北京热带医学研究所建所 30 周年暨李桓英教授归国 50 周年"庆祝活动，李桓英报告了自己 30 年来为麻风病患者服务和为降低麻风病发生所做的工作，她说："友谊医院和热研所 30 年来始终如一做我的坚强后盾，在经费紧张的情况下，对我们这个不能为医院创经济效益的科室，仍拨出经费给予支持。成绩归于党，荣誉属于组织。我虽然已经耄耋之年，但精力充沛，只要需要，我就会一直为送走瘟神而奋斗。作为一名知识分子，一个中国人，我要像一名战士那样，把自己融入祖国和人民的事业中，为政府添彩，为麻风病人维权，消除对麻风病及康复者的歧视和偏见才能实现自身的价值。"

时至今日，麻风病仍是威胁人类生理和心理健康的公共卫生问题。在全世界实施联合化疗二十余年后，原麻风病高流行的国家或地区，新病人发现下降缓慢。我国

2008年12月30日归国50年 李桓英手捧金鼎

的云、贵、川三省，尽管患病率有所下降，但仍占全国的半数。虽然联合化疗非常有效，但是全世界每年仍有数十万新病人被发现，麻风流行病学中的许多问题尚有待研究解决，影响了麻风病的彻底控制。李桓英不断向人们提醒："目前，虽然我国麻风发病人数很少，但随着市场经济的发展和流动人口的增加，发病和就诊往往打破了流行地域的界限而松散出现。根据历年综合医院漏诊病例分析，临床上麻风病易被误诊为其他皮肤病、神经疾患，不仅贻误疗期，使病情加重，甚至至残，而且也为患者造成很大的精神压力和不必要的经济损失。2006年下半年，东北一位麻风反应患者被误诊成脉管炎、慢性麻疹治疗，贻误治疗3年。尤为令人担心的是，现在有些医院的大夫已经不能诊断麻风病了。四五十岁的人一听到麻风病，更多的是恐惧，而'80'后医学毕业的孩子压根不知道在世上还有麻风病！"李桓英教授的担心并非杞人忧天。

一个心中装着科研的人，是不会为蓝天的消失而无动于衷的。为了能够在越来越多的人心中，播下探究的种子，唤醒光明的需求，北京热带医学研究所在北京市卫生局的支持下，每年都会举办"综合医院皮肤科医师麻风防治知识培训班"。她告诫医生："麻风病诊断应及时而慎重，需与皮肤科、神经科等多种疾病相鉴别，遇有诊断怀疑时，应及早转诊或列为观察病例，定期就诊或随访，做到既防止漏诊又避免误诊。还要保证不在我们医治的病人中，不再出现新的残疾，造成病人不必要的痛苦和社会负担。"因为爱着，内心无比辽阔，柔软，慈悲。

桃李不言，下自成蹊

在几十年的奋斗中，李桓英深深懂得，个人的力量是有限的，只有做好人才的培养，依靠团队的共同努力，才能达到奋斗的目标。现在研究所增加了从事麻风病防治研究的新生力量，虽然李桓英已是 96 岁的高龄，但她对自己的要求没有变，对科研工作精益求精的态度没有变，对年轻同志的培养和严格要求没有变。现在已经担任云南省疾病预防控制中心副主任的杨军主任医师提起李桓英教授时说："为了麻风防治事业，她可以什么都不顾。她的敬业精神，是麻防工作者的精神动力。"翁小满说："别人都说我现在的脾性和恩师一样，但恩师那种对工作的执着、坚韧我可不能比。她经常对我说，想干事业，就得别怕付出，若要计较，就什么事也干不成。记得刚刚给她当助手时，有一次，她检查我做

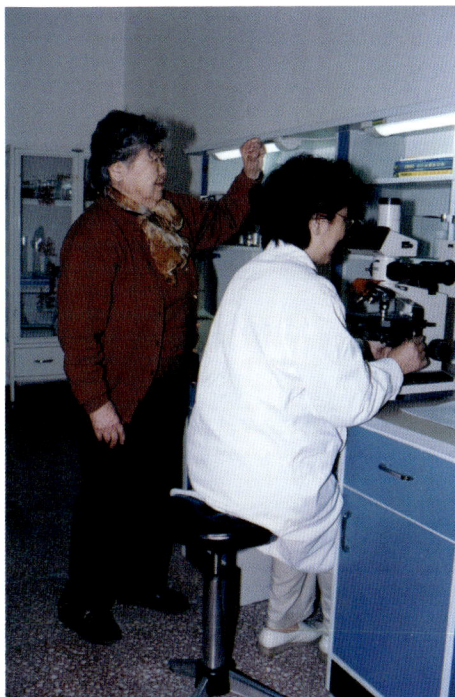

2001年 和翁小满大夫
一起工作

的表示各型麻风病人血清抗体分布的散点图，图中的每一个
点即代表了一个病人的抗体水平。在密密麻麻的点中，她竟
然查出少了一点，非常生气，当即向我指出。我当时的想法
是，散点图看的是趋势，不是看点，读文章的人不会注意这
些点数对不对，这样数点，过于苛刻了，虽然觉得她是在挑
刺，但我没敢表现出来，而且立即改正过来，她却不依不饶，
接着教训我说：'对待工作就应该认真、仔细，从一开始就

要严格要求，以后才不会犯同样的错误。文章和数据要拿到国际会议上去宣读，我们代表的是国家，特别是麻风病流行情况，错了，受到影响和损害的是国家声誉！'"

李桓英的话语，翁小满感到不受听，但正是得益于这样的警诫，她再也没有犯过同样的错误，并最终跻身于国内外知名的麻防学者、中国卫生部麻风病专家咨询委员会委员。李桓英的研究是以麻风病生物学特征、传播特点、流行分布状况以及临床表现为基础，采用现场调研和实验研究相结合的方式，制定的是有效技术措施。又根据麻风控制进程和分布特点，提出麻风病防治与基层疾病防治网相结合的可持续性发展模式，开发用于麻风早期诊断的实验手段。在国际上率先实施 WHO 提出的麻风短程治疗方案试验现场及扩大的现场试验，取得了满意的效果，为全球实现短程 MDT 措施扫除麻风病的可行性提供了依据。李桓英接受 WHO 推荐的麻风联合化疗法，连续几年对接受 MDT 的患者进行追踪观察研究，取得满意效果，她用事实说明短程效果很好。

多年来的实践告诉我们，麻风病医生不能常年在大城市里搞麻风防治，要到农村去，特别是边陲地区，到麻风病现场去，"不入虎穴，焉得虎子"正是这个道理。任何人从事任何一项工作，想要有所成就，就必须充分发挥其主观能动性，而主观能动性会受到历史条件、科技文化水平及实践经验的制约，但缺乏主观能动性一定会一事无成。她最看重的品质是坚持，她是一个彻底的唯物主义者，不信天不信命，只相信事在人为。为人类的利益服务是她最大的动力和追求。毛主席说过，人们开始得到的是感性认识，这种感性认识的材料积累多了，就会产生一个飞跃，变成理性认识。这种对客观事物认识的发生和发展，从不知到已知，从知之不多到知之较多，从而使理性指导这门学科的发展。这就是李桓英从事麻风病研究多年有所收获、有所成就的指导思想。

大爱初心

有一颗洒脱的心，就会更快乐；有一颗修行的心，就会更智慧。最好的自己是永不放弃应有的追求！时光如梭，2010 年，90 岁的李桓英早该是颐养天年了，但她依然奋战在麻风防治的第一线。第二届"首都杰出人才奖"表彰大会在北京会议中心隆重召开，李桓英教授作为首都医务工作者唯一的代表获此殊荣。这是党和人民给予她生日最珍贵的礼物。2010 年 8 月，"李桓英教授学术思想研讨暨 90 寿辰座谈会"在北京友谊医院隆重举行。全国人大原副委员长、全国政协原副主席何鲁丽，北京市卫生局党组副书记张秀芳出席会议，何鲁丽向李桓英赠送了生日礼物——用金色丝线绣制的百寿图。马海德夫人苏菲女士、中国麻风防治协会秘书长潘春枝、马海德基金会秘书长申鹏章、首都医科大学党委书记李明以及北京市委宣传部、首都精神文明办、北京市总工会等领导参加会议。全国人大常委王陇德，卫生部党组书记、副部长张茅，北京市总工会时纯利分别发来贺电。会议探讨李桓英学术思想的核心和灵魂是：具有高尚的爱国主义精神，积极进取、创新自强、勇攀高峰。李桓英教授深受钟惠澜院士学术思想的影响，几十年如一日，实践和发扬光大了临床、科研和现场工作紧密结合的学术思想，为我国的麻风病防治工作做出了杰出贡献。引进新方法、新成果，为科研机构与基层单位牵线搭桥，李桓英甘为人梯。李桓英即席发言："我给自己预计的寿命是，再活十年，虽然不能像年轻时那样经常深入现场，但精力还算充沛，可以查阅文献。我设想加强与国外高端科研机构的联系，引进新方法、新成果，为科研机构与基层单位开展麻风科研与防治牵线搭桥。"

云南的空气里无处不印着她的指纹，那步履，那身架，那面容，李桓英践行着承诺。2010 年 3 月，李桓英与美国约翰·霍普金斯大学（JHU）公共卫生研究院联系，邀请入选我国千人计划的该院分子生物及免疫学张颖教授来友谊医院做学术报告；3 月至 4 月，率领课题组到云南红河州，弥勒县、开远市现场开展"麻风病早发现研究"项目；6 月至 7 月，李桓英又陪同 JHU 张颖教授访问云南省疾病预防控制中心，随后到红河州开远市麻风病现场考察，到西双版纳州勐腊县原短程 MDT 试点的麻风村曼南醒村考察，受到曼南醒村民和治愈者热烈欢迎，李桓英看到村民生活发生了翻天覆地的变化。最后，李桓英访问了勐海县麻风现场，促进了 JHU、热研所、云南省 CDC 三方合作，共同开展《麻风病早发现、早确诊的研究》项目。

每个人都有一个别人不懂的世界，她终生未婚，一个人的日子很简单。但"简单"是一个太复杂的词，"好在一生没结婚，才能取得一些成绩，这一生没白活。我只有国家观念，没有家庭观念。"李桓英经常笑着对人说。

李桓英常说："只要我不是基层的累赘，就应为送瘟神而奋斗。"她已经将自己嫁给了热带医学科学，将终生的感情献给了那些麻风病人。在她的人生字典里，能够找到的只有"勤奋工作、无私奉献"。"人活着就要为人民做点儿有益的事，这样活得才有意义。只要领导支持，我们在麻风防治上还要放卫星。"这是95岁老人的壮语，话语铿锵，豪气依旧。

2016年12月27日，李桓英的入党宣誓仪式在北京友谊医院举行。时年95岁的李桓英生于1921年，作为中国共产党的同龄人，她终于正式成为一名共产党员。红色围巾映衬着满头银发，坚定的眼神里泛着点点泪花，"入党和做研究一样，都是追求真理。服务了快60年，我觉得自己现在可能合格了。但还不能放松，还要继续奋斗"。年过耄耋的李桓英，如今仍奋斗在医学研究前线，仍以平常的心态对待自己不平常的工作。"我这些年来取得的成绩，与党组织的关心和支持是分不开的。人的生命是有限的，如果去世后，身上不能披上一面党旗，那会遗憾的……"

面对成就与荣誉，拼搏的人生才最美丽。李桓英说："麻风病还没有完全消灭。我会再接再厉，时光时光慢些吧，我要迎接下一个挑战。我相信随着时代的进步，麻风病最终将会消亡。"如今的她依然保持着年轻时的工作习惯，朝九晚五，风雨无阻，每天照常到她的"陋室"上班，总爱趴在桌子上，拿放大镜看英文文献。午饭喜欢吃

2016年12月27日李桓英入党宣誓仪式

自制的三明治、面包生菜夹香肠，再冲一杯速溶咖啡。中午，半倚半靠在"陋室"中唯一奢侈的单人沙发上打个盹，醒来后继续她的工作。"人就应该带着目标去学习和工作，确定了人生目标，就该胸有成竹地走下去！我从来没有年龄的压力，事业没有完成，就不能半途而废。"

李桓英从"陋室"中走出来，走向医学的巅峰，她一生潜心钻研，在科学技术的高峰上开拓创新。她的额头写着很多头衔，成绩卓著："山东、云南两省80例多菌型麻风病短程联合化疗停药后33个月的疗效观察"获北京市科技进步三等奖；"免疫学试验监测麻风病复发的初探"获北京市科技进步三等奖；"麻风病短程联合化疗后复发的队列研究"，获北京市科技进步三等奖；"麻风病短程联合化疗远期疗效的研究"，获四川省科技进步二等奖；"早期麻风病的实验研究"获北京市科技进步二等奖；"麻风病防治系列研究"北京市科技进步一等奖；"全国控制和基本消灭麻风病的策略、防治技术和措施研究"，获国家科技进步一等奖……

李桓英的一生有一双儿女，一个叫"公"是国家，一个叫"工"是工作，究其一生，李桓英搏动的心被两个字分成两等份，工作与国家在她心里达到了平衡。为此，她选中了医学：一只闪亮的眼睛，一朵浸泡在白色溶液中的火苗，一片气象万千的繁荣。她一生如水，她是她自己的河床，人格的独立是一种摆脱世俗的勇气和坚信自我的执守，以闭关静修的耐力继续走下去。

李桓英个头不高，现在走路已离不开拐棍，一张纸的厚度到底是多厚，一支拐杖的高度到底是多高，写不尽……书是薄薄的，轻轻的；不，它是厚厚的，重重的。一生未婚，对于她来说，攻克是永远的新欢，永不变质的新欢。

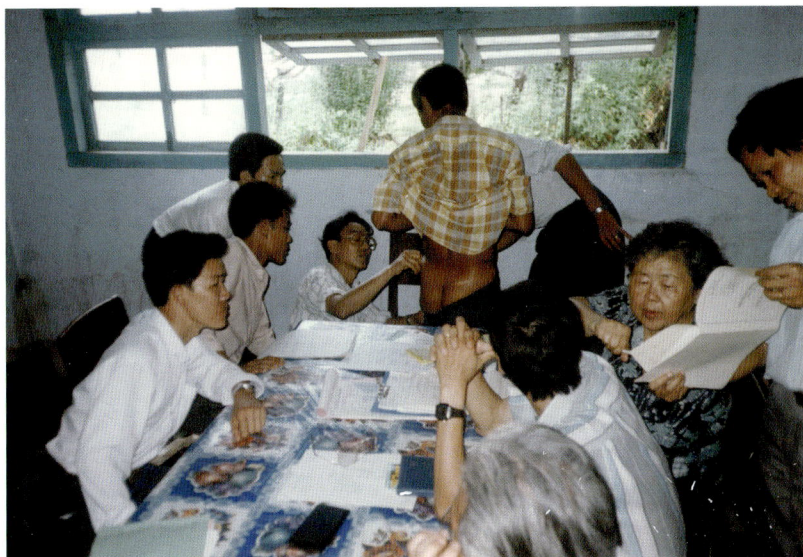

1993年5月12日在越南河内为病人做检查

与汤浅洋一同检查麻风病人

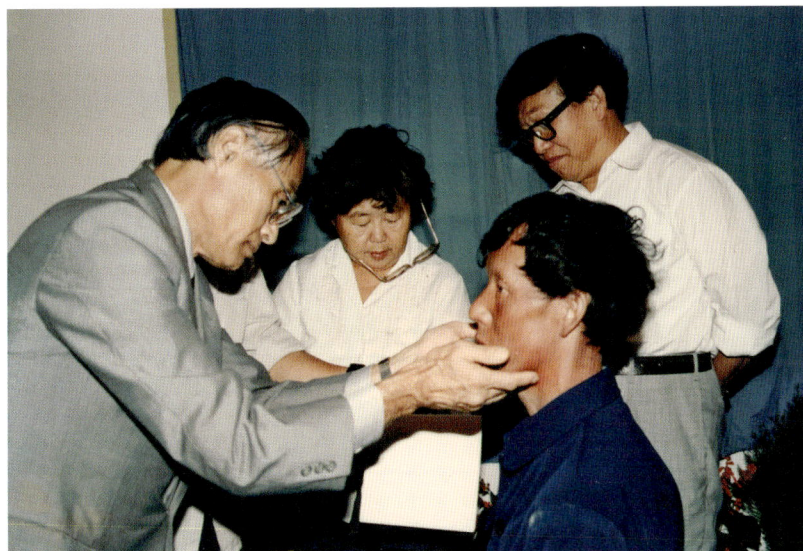

1993年11月22日与WHO专家到四川考察麻风病

1993年12月世界卫生组织官员杰克逊先生考察四川省麻防工作

1993年在国际麻风会议上发言

1994年4月26日参加WHO文山州R+D麻风复发监测技术培训班

1994年4月与文山州皮研所领导交流

1994年4月考察砚山阿猛麻风村

1994年10月第11年联合化疗科研追踪监测时乘独木舟过河去检查康复者

1994年深入西双版纳勐仑镇麻风寨检查麻风病人

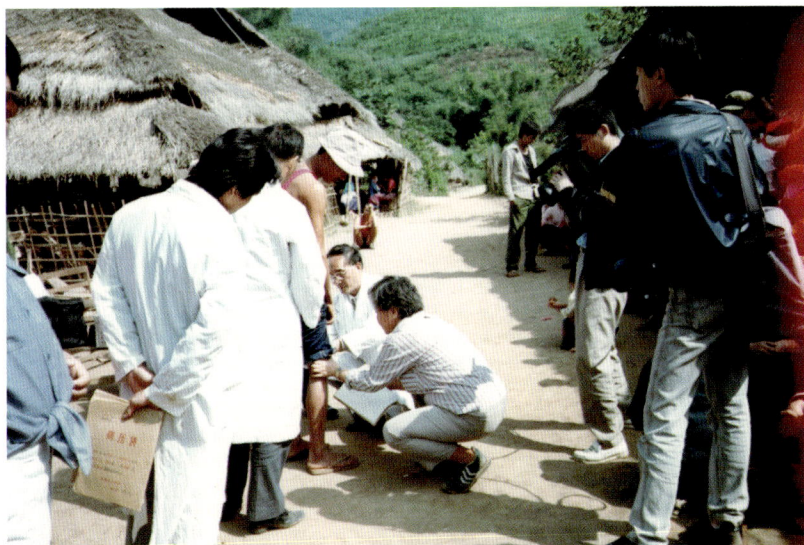

1994年曼南醒村的一位病人生育了健康的第二代

1995年与国际麻协主席汤浅洋到湖南基层调查麻风

1996年11月—12月陪同汤浅洋博士到西双版纳考察

1996年10月复查时所有MDT病人病情未见反复，参与者笑意盈盈

1996年10月科研复查时留影

1997年2月19日在台湾乐生疗养院参观

1997年11月消麻运动中给当地群众宣传

1997年11月云贵川三省皮防所所长在贵阳研讨会上发言

1997年WHO麻风专家委员会会议

1998年9月在第十五届国际麻风病大会上发言

1998年10月7日参加第四届国际热带病学术会议

1998年10月参加第四届国际热带病学术会议

1998年10月23日李桓英事迹座谈会

1998年11月在文山"消麻"运动中

1998年李桓英在办公室

1998年与中央电视台赴勐腊县勐仑镇曼南醒村，与勐腊县皮防站站长马金福和村民合影

1999年3月与中央台记者赴西双版纳 在曼南醒村与刀建新合影

1999年3月17日在云南 热爱摄影的李桓英

1999年3月18日陪同中央电视台记者到曼南醒村

2000年9月参加第九届公共卫生国际联盟大会

2001年8月在曼南醒村看望病人

2001年8月在曼南醒村与马金福合影

2002年7月在全国杰出专业技术人才表彰会议上发言

2002年11月参加北京王府井教堂"关注弱势群体，为麻风病人献爱心"募捐义演活动

王兆国同志与第四届中国十大女杰及提名奖获得者合影留念 2002年12月12日

2002年12月12日王兆国同志与第四届中国十大"女杰"及提名奖获得者合影
（后排右二为李桓英）

2004年7月参加中国科协科普日活动

2005年11月8日李桓英医学基金会成立

2007年9月19日与美国科罗拉多大学的布伦南教授、韦萨教授访问云南省疾病预防控制中心

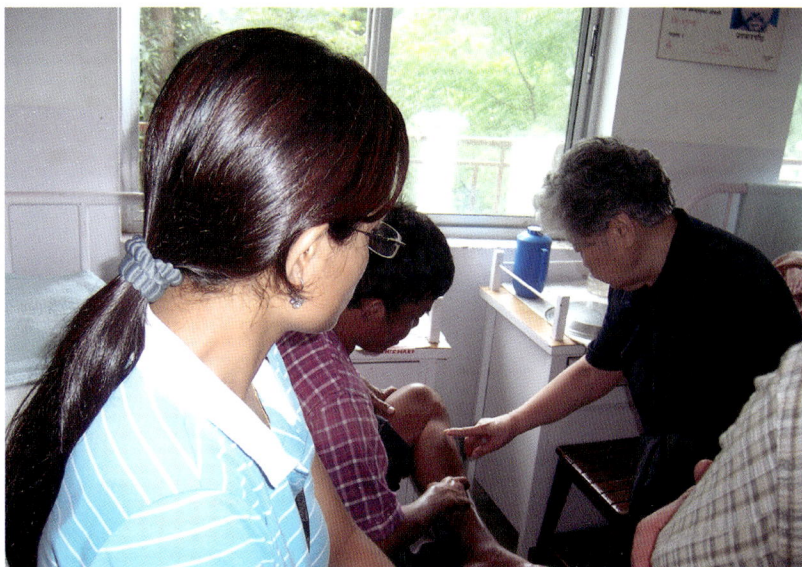

2007年9月在尼泊尔加德满都参加阿南达邦医院建立50周年庆祝活动时给病人看病

2007年麻风节慰问病人

2008年12月30日"李桓英归国五十周年庆祝会"与会人员合影

2008年12月30日在"李桓英归国五十周年庆祝会"上全国政协副主席
林文漪向李桓英教授送花

2008年12月30日在"李桓英归国五十周年庆祝会"上与刘健院长、张国成会长合影

2010年7月在曼南醒村

2016年9月出席第19届国际麻风大会（一）

2016年9月出席第19届国际麻风大会（二）

2017年4月18日出席"2016年感动西城"颁奖仪式

2017年4月出席第九届热带病论坛

2017年7月与北京热带医学研
究所所长助理杨国威合影

2017年8月96岁生日 与助手袁联潮合影

大爱初心

黄殿琴

西城区宣传部部长陈宁，把任务委派给西城文联常务副主席张云裳，两位有作为而干练的领导，像是刹那间挽起所有季节的风速，把我纳入一线布阵作战。鲜有那日采访到李桓英当天如此温暖的阳光，整个人的毛孔都传来一种舒畅感。北京热带医学研究所研究员李桓英开门见山地说："祖国给了我生命的意义，大家给了我奖项的极致，我受之有愧，说实话，我做得很不够，这是对我所从事的麻风病防治事业的肯定和支持。友谊医院和热研所三十年来始终如一是我坚强的后盾，成绩归于党，荣誉属于组织。"

　　我们一行人万幸之至地拥抱了这份不可多得的生长在最好年华里的等待。走近李桓英，正值盛暑星稀；对语一个世纪，人入春风，时光免逝，面面温馨；无论冷暖闲知还是季节非依，感叹、欣喜同齐。霍金问，上帝在创造宇宙之前在做什么？我相信正知正见的李桓英会说："它正为那些寻根究底的人们准备时间。"

　　即将要采访将近百岁的巾帼英雄，准备好镜头了吗？准备好状态了吗？摄影家巩嘉恺、陈小姝、陈涛、刘昆仑、周宇、马雨枫、赵广兴；作家刘丙钧、陈唯斌；记者张冲、刘雅宁、马子慧、高笑、古云霞……我们一行人虽都久经沙场却也战战兢兢。一见面，精神抖擞的李桓英坐在她的办公桌前直言："选择防治麻风病这条路我不后悔，我庆幸接受了这个任务，如果还有机会，我还是会毫不犹豫地选择这条路。"

与李桓英的相遇是一场盛宴，如磐越往，心波兴奋。作为作家的刘丙钧、陈唯斌还有我，信心满满的地即分工：刘丙钧写童年、陈唯斌写中年、我完成晚年，各就各位。陶醉在李桓英的新思古意中，翱翔落霞倦雾，百鸟沙町。有幸书写这位我国现代麻风治疗学研究的带头人之一，长短事事记忆犹新的她让我们由衷感动于她的事迹。

怀揣火焰的人，从七月出发，大地被红光普照；俯瞰山峦大泽，从她的目光中，我们读到了一种大爱。她说，有这样的家国情怀要感恩两位老前辈：马海德博士和钟惠澜院士。马海德是美籍黎巴嫩人，从抗日战争开始就投身中国人民解放事业，加入了中国共产党，新中国成立后开创了我国麻风病的防治事业，是他带头打破隔离措施与病人亲切握手，为我国麻防工作者做出了榜样。他为麻防事业倾注了一生的心血，奠定了基础，临终留下遗嘱，用自己的积蓄建立基金，专门奖励麻防工作成就突出的人，李桓英便是第一个得此荣誉的人。钟惠澜是友谊医院的第一任院长，经周总理亲自指名任命，留学国外学成归来，成为国内外著名的医学专家，是我国热带医学的奠基人。1978 年改革开放，北京热带医学研究所成立，钟老把李桓英调回北京，专门从事麻风病研究，接着将她选派到英、美和东南亚有麻风流行的国家做访问学者。实践证明，他们的工作，适合我国的国情，适合人民的需要。两位前辈均已作古，李桓英坚定地沿着他们的道路继续开拓。

一个民族之所以骄傲，因为在她的身后有青铜浇铸的历史；一个民族之所以强悍，因为她善于把鲜血变成思想。几次见到所里袁联潮、温艳、邢燕、尤元刚等人，他们坦言："在医学科学的海洋里，要学有所成，成为患者爱戴和信赖的优秀医生和为医学进步做出贡献的医学家，必须要有开拓创新的精神和勇担责任的信念。"

学有威望的李教授在麻风治疗学领域取得的成就和她身上蕴藏的财富无法道尽，她具有高尚的爱国主义精神、积极进取的创新精神和自强不息的奉献精神，这是她的学术思想的核心和灵魂。是她的远见卓识和不懈努力，改变了人们对麻风病的旧观念，进入新领域，使麻风病治疗学产生革命性发展；是她让基层麻防工作者不断更新知识、观念，提高业务技术水平，勇于探索，敢担风险，无私无畏；是她通过大量的临床实践，认识到我国麻风防治面临的新任务，尽最大的努力把隐藏在群众中的麻风病人发现出来，并通过短程联合化疗进行治愈，达到不残或少残的效果，这一思想为我国今后麻风防治的发展提出了新的目标。她紧密结合国家麻风防治工作的需要与麻风科学发展的方向来选择自己的研究领域。

自然科学研究必须以实验事实为本，实验工作者第一件事就是以老老实实的态度采集实验数据，经受得起任何严格的验证，用实验事实去检验理论，从麻风科研实际出发，充分利用一切可以利用的条件，少花钱多办事，反对挥霍国家资金，牢记"科学为人民服务"的宗旨，坚守科学理念，保持谦虚与简朴，使之生根发芽。

时代在变迁，但精神具有永恒的价值。老科学家的精神传统，我们晚辈需要不断地牢记，一代一代地继承下去，造福人类。奉献与学习是一种惯性，能够将这种惯性传承下来却不是一件容易的事情，这是一种追求，一种最终的价值是要让自己有作有为的追求。也正是这种惯性，让李桓英能够跨越近百年最终完成她的目标。

2005 年 7 月，"北京市李桓英医学基金会"成立。所有的美好都值得等待，所有的梦想都要极力捍卫。在 95 岁高龄的时候，李桓英毅然递交了入党申请书并成为一名光荣的中国共产党党员，她把自己锻打成斧头镰刀的图案，飞升到一片红色里，化作理想的图腾，轰轰烈烈。她点燃自己的热血，照亮远方的呼唤，这更加体现了她的大爱初心。

极目觅得绝芳立，千层思绪千层叠，歌颂的正是这个伟大的时代。在本书出版之际，要真诚感谢西城区宣传部部长陈宁、感谢西城区文联常务副主席张云裳、北京热带医学研究所袁联潮、北京友谊医院宣传干部海昕园等同仁们的大力帮助，感谢北京友谊医院对本书的大力支持，是他们的集体智慧，让我们得以见证袖里苍穹的浓情厚谊。

另外，中国麻风防治协会和李桓英学术成长资料采集组为李桓英研究员的家庭背景、求学历程、研究工作、学术交流等方面提供了大量文字资料、电子照片及其文字说明，做了诸多工作，在此也对他们的辛勤劳动表示诚挚感谢。

图书在版编目（CIP）数据

大爱初心：麻风病专家李桓英访谈记 / 刘丙钧，陈唯斌，黄殿琴编 .
-- 北京：北京联合出版公司，2017.10
ISBN 978-7-5596-1022-5

Ⅰ . ①大… Ⅱ . ①刘… ②陈… ③黄… Ⅲ . ①医生 - 访问记 - 中国 -
现代 Ⅳ . ① K826.2

中国版本图书馆 CIP 数据核字（2017）第 240695 号

大爱初心：麻风病专家李桓英访谈记

编　　者：刘丙钧　陈唯斌　黄殿琴
出版监制：刘　凯　马春华
责任编辑：唐乃馨　周　杨
装帧设计：聯合書莊　bjlhcb@sina.com

北京联合出版公司出版
（北京市西城区德外大街83号楼9层　　100088）
北京利丰雅高长城印刷有限公司印刷　　新华书店经销
字数120千字　　787毫米×1092毫米　　1/16　　15印张
2017年10月第1版　　2017年10月第1次印刷
ISBN 978-7-5596-1022-5
定价：88.00元